ABC der Tiere 4

Arbeitsheft Sprachbuch

Herausgegeben von
Klaus Kuhn

Erarbeitet von
Klaus Kuhn, Kerstin Mrowka-Nienstedt

Illustriert von
Heike Treiber

Name: Hannah

Klasse: Classe 5

Mildenberger

Inhalt

● Sprechen und Zuhören ● Schreiben ● Richtig schreiben ● Lesen – mit Texten und Medien umgehen ● Sprache und Sprachgebrauch untersuchen

1. Ordnet den Personen die Aufgaben zu.

Haustechnik und Reparaturen
Unterricht
Sauberkeit
Schülerbetreuung
Schulleitung
Unterrichtsteilnahme
Elternabende
Schreibarbeiten

2. Schreibe die Aufgaben der einzelnen Personen so auf:
Der Hausmeister: Er kümmert sich um die Haustechnik und die Reparaturen.

Der Hausmeister: ______________________________

____

Die Reinigungskraft: ______________________________

Die Schüler: ______________________________

Die Eltern: ______________________________

____

Die Betreuerin: ______________________________

____

Die Lehrerin: ______________________________

____

Die Sekretärin: ______________________________

Die Rektorin: ______________________________

Konkrete und abstrakte Nomen

S. 9

B	H	U	N	G	E	R	F	B	D	X	R	S	T	R	S
L	E	I	S	D	L	S	R	A	C	J	A	T	L	O	V
Ä	R	G	E	R	T	T	E	U	G	E	B	R	U	H	E
R	H	A	N	D	E	U	U	M	I	G	E	E	O	G	U
M	I	T	R	O	R	H	D	X	P	S	T	I	L	L	E
B	E	I	N	J	N	L	E	A	N	G	S	T	T	Ü	R

1. Finde acht konkrete Nomen und acht abstrakte Nomen und kreise sie ein.
2. Trage die Nomen mit dem bestimmten Artikel in die Tabelle ein.
3. Finde jeweils zwei weitere Nomen und schreibe sie in die Tabelle.

euer
roh

konkrete Nomen	abstrakte Nomen
bein	hunger
eis	ärger
hand	lärm
baum	freude
rabe	stille.
stuhl	ruhe
tür	angst
eltern	streit

Nomen mit den Nachsilben -ung, -heit, -keit, -nis

S. 10

1. Bilde Nomen mit den Endungen -ung, -heit, -keit und -nis und trage sie mit Artikel ein.

-ung	-heit
Die landung	Die wahrheit
Die hoffnung	Die gesundheit
Die entschuldigung	Die berühmtheit
Die beratung	Die echtheit

-keit	-nis
Die höflichkeit	Die finsternis
Die ähnlichkeit	Das geheimnis
Die öffentlichkeit	Die erlaubnis
Die ängstlichkeit	Das erlebnis

2. Ergänze die Sätze mit passenden Nomen aus Aufgabe 1.

Das Flugzeug setzt zur landung *an.*

Ein geheimnis *sollte man nicht ausplaudern.*

Lügen sind das Gegenteil von der wahrheit *.*

Die Kassiererin prüft die ähnlichkeit *des Geldscheins.*

Gesunde Nahrungsmittel und Sport erhalten die gesundheit *.*

baum, ärger, Eis, Stuhl, lärm, hunger, tür, fabe, freude, ruhr

Eine Bildergeschichte planen

S. 12

1. Betrachtet die Bilder: Wie können die Kinder den Konflikt lösen? Tauscht euch aus.
2. Notiere in den Gedankenblasen Stichwörter zu der Geschichte.

Wer kommt in der Geschichte vor?

Kind
Mädchen

Wo spielt die Geschichte?

Auf dem
Schpielplaz
Auf einer
Schaukel.

Wann spielt die Geschichte?

Sommer,
Juni/ Juli,

Handlung – Konflikt – Lösung

1. Der Junge fragt, "Wieso schaukeln wir nich zuzamen?"
2. Alle drei schaukln
3. Sie wechseln sich ab

Moral:

Teilen ist besser als streiten.

Eine Bildergeschichte schreiben

1. Schreibe mithilfe deiner Stichwörter eine Geschichte. Finde eine passende Überschrift. Beachte die folgenden Punkte:

Einleitung: Wann? Wer? Wo?	**Hauptteil mit Höhepunkt**: Konflikt Was? Wie? Warum?	**Schluss**: Konfliktlösung

- schriftliche Vergangenheit
- Gedanken
- Gefühle
- wörtliche Rede

Ein Junge, namend Thomas, schaukelte auf eine Schaukel. Plötzlich, kammen da zwei mädchen daher. Sie hießen Hannah und Yana. Die wollten auch auf die Schaukel aber Thomas wollte nicht teilen. Dann sagte Thomas," Warum teilen wir nicht und gehen alle zuzammen?" Die mädchen fanden das eine gute idea und dann schaukelten sie alle zuzammen.

ENDE

2. Lies deinem Partner deine Geschichte vor. Tauscht euch aus.

Das Feuer – Wortfeld brennen

S. 16, 17

1. Ergänze die Sätze mit den passenden Verben. Schreibe jeden Buchstaben einzeln.

In der Asche glimmt (5) *noch ein Funke.*

Ein Windstoß entfacht (2) *das Feuer erneut.*

Die Flammen züngeln (4) *im Ofen empor.*

Das Holz verglüht (8) *zu Asche.*

Nach dem Löschen lodert (9) *das Feuer wieder auf.*

Die Feuersbrunst braust (3) *über die Steppe hinweg.*

Die Flammen zucken (11) *in wildem Tanz.*

Die Funken sprühen (1) *in alle Richtungen.*

Schon von Weitem kann man das Feuer rauchen (6) *sehen.*

Die Flammen verschlingen (7) *die Scheune.*

Wenn die Holzkohle glüht (10)*, kann man mit dem Grillen beginnen.*

~~verschlingen~~	~~brausen~~	~~verglühen~~	
~~sprühen~~	~~glimmen~~	~~züngeln~~	entfachen
~~zucken~~	~~rauchen~~	~~lodern~~	~~glühen~~

2. Die Buchstaben über den Zahlen aus Aufgabe 1 ergeben die Lösung.

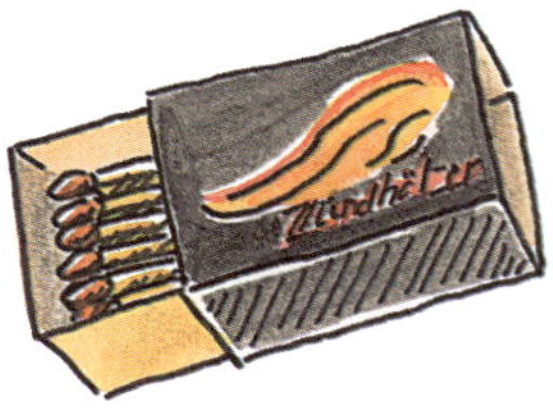

Lösungswort: s (1) t (2) r (3) e (4) i (5) c (6) h (7) h (8) o (9) l (10) z (11)

Lösungssatz: Um Feuer zu machen, braucht man ein streichholz.

Gegenwart

S. 18

1. Diese Verben besitzen in der Gegenwart zwei verschiedene Wortstämme.
   Schreibe alle Personalformen auf und kreise die Wortstämme ein.

	sprechen		lesen
ich	spreche	ich	lese
du	sprichst	du	liest
er/sie/es	spricht	er/sie/es	liest
wir	sprechen	wir	lesen
ihr	sprecht	ihr	lest
sie	sprechen	sie	lesen

2. Ergänze die Verben in der richtigen Form.

Timo liest *einen Text leise vor.*
Die Lehrerin empfiehlt: „Sprich *lauter!“*

empfehlen   lesen   sprechen

Die Mutter gräbt *das Blumenbeet um.*
Danach wäscht *sie sich die Hände.*

waschen   graben

Hanna wirft *den Ball auf das Tor.*
Sie trifft *den Torwart am Kopf.*

treffen   werfen

3. Bilde die er-Form und schreibe Sätze in dein Heft.

laufen   vergessen   essen   sehen   geben   fangen

Lang oder kurz?

S. 19

1. Einfacher oder doppelter Mitlaut?
Sprich jedes Wort auf beide Arten. Wie hört es sich richtig an?
Trage die Wörter in das richtige Häuschen ein. Vergleiche mit einem Partner.

ll / l: ste●en ma●en

ss / s: le●en me●en

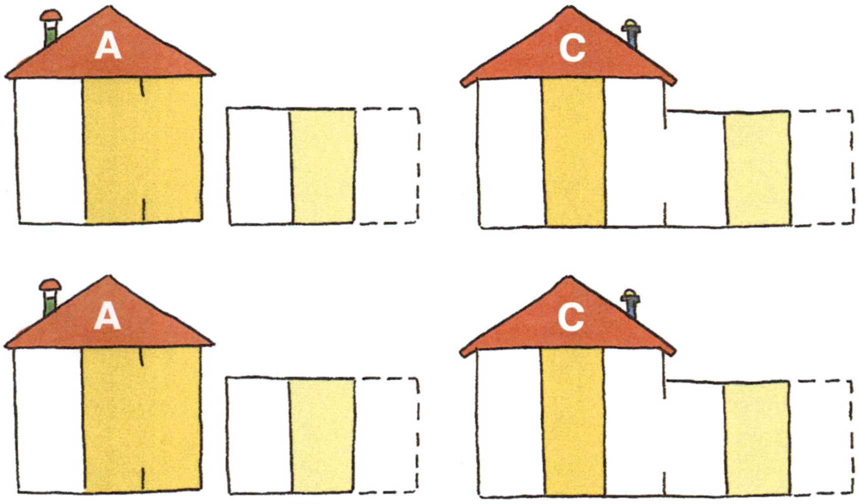

2. Lies die Sage und ergänze.

Prometheus ho___t (l/ll) das Feuer vom Hi_____el (m/mm)

Weil die Menschen auf der Erde frieren und rohes Fleisch e_____en (s/ss) mü_____en (s/ss), bi___et (t/tt) Prometheus den Gö___erva___er (t/tt) Zeus, ihnen das Feuer zu ge__en (b/bb). Zeus lehnt die Bi___e (t/tt) ab. Prometheus aber entzündet eine Fa_____el (k/ck) am funkensprühenden So______enwagen (n/nn) und bringt die bre______ende (n/nn) Fa_____el (k/ck) zu den Menschen auf die Erde. Die Menschen freuen sich sehr über das Geschenk. Sie bra____en (t/tt) das Fleisch an den Feuerste____en (l/ll) und wärmen sich.

3. Wie bestrafte Zeus die Menschen und Prometheus?
Schreibe die Sage zu Ende.
Du kannst im Lesebuch oder im Internet nachschauen.

Schriftliche und gesprochene Vergangenheit

S. 20, 21

Die Steinzeitmenschen sind dem Feuer durch Naturgewalten wie Blitzeinschläge, Vulkanausbrüche oder Waldbrände begegnet. Nach und nach haben sie das Feuer beherrscht: In hohlen Baumstämmen oder Knochen haben sie die Glut zu ihren Lagerstätten transportiert. Über Feuerstellen haben sie ihre Nahrung zubereitet. Durch das Licht und die Wärme sind ihre dunklen und kalten Höhlen behaglicher geworden. Wilde Tiere haben sie mit Fackeln abgewehrt. Der Verlust einer Feuerstelle ist ein großes Unglück gewesen und hat oft den Tod der ganzen Gruppe zur Folge gehabt. Deshalb haben sie das Feuer wie einen Schatz bewacht.

1. Der Text steht in der gesprochenen Vergangenheit. Unterstreiche die Verben.
2. Trage die Verben in die Tabelle ein und ergänze:
   begegnen – sie begegneten – sie sind begegnet

Grundform	Schriftliche Vergangenheit	Gesprochene Vergangenheit

3. Schreibe den Text in der schriftlichen Vergangenheit in dein Heft.

Lang oder kurz?

S. 22

1. ß oder ss? Trage die Verbformen in der Gegenwart und in der schriftlichen Vergangenheit in das passende Häuschen ein.

gie●en – go●en

la●en – lie●en

2. Einfacher oder doppelter Mitlaut? Trage die Verbformen in der Gegenwart und in der schriftlichen Vergangenheit in das passende Häuschen ein.

ko●en – ka●en

strei●en – stri●en

3. Lies den Text und ergänze.

Feuer aus der Tiefe der Erde

Als der Vesuv im Jahr 79 n. Chr. ausbrach, scho____en (ß/ss) gewaltige Rauchsäulen in den Himmel, Lava flo____ (ß/ss) den Berg in Strömen hinab.

Die Menschen ka____en (m/mm) aus ihren Häusern und wollten die Stadt verla____en (ß/ss). Doch sie mussten ihre Wagen und Karren zurückla____en (ß/ss), da sie in der Asche versanken. Kurz darauf wurde Pompeji unter der Asche und den Gesteinsbrocken begraben.

Einen Versuch beschreiben

S. 24

1. Führe den Versuch „Wasserberg“ durch.
2. Fertige eine genaue Versuchsbeschreibung in der ich-Form an.

Thema: ______________________________

Frage: ______________________________

____

Ich brauche: ______________________________

____

____

So gehe ich vor: ______________________________

____

____

____

Das beobachte ich: ______________________________

____

____

So erkläre ich den Versuch: ______________________________

____

____

____

3. Vergleicht eure Versuchsbeschreibungen.

Adjektive mit den Nachsilben -ig, -lich, -isch, -sam

S. 29

1. Gefühle können mit Nomen beschrieben werden. Färbe diese Felder rot.
   Färbe die restlichen Felder orange.

2. Trage die Nomen der rot gefärbten Felder in die Tabelle ein.
   Finde zu jedem Nomen ein Adjektiv mit der Nachsilbe -ig, -lich, -isch oder -sam und ein Verb und schreibe sie in die Tabelle.

Nomen	Adjektiv	Verb
die Schuld	schuldig	schulden
die Ruhe	ruhig	ruhen
die Angst	ängstlish	Angst haben
der Ärger	ärgerlich	ärgern
der Hunger	hungrig	(ver)hungern
die Langeweile	langweilig	sich langweilen
die Liebe	lieblich	lieben
die Freude	freudich	sich freuen
der Sport	sportlich	Sport machen
das Misstrauen	misstrauisch	misstrauen
die Furcht	fürchterlich	fürchten
der Trotz	trozig	trozen

Adjektive – Vergleichsstufen

S. 30

Gepard

Verbreitung: Afrika
Größe: bis 94 cm
Gewicht: bis 72 kg
Geschwindigkeit: bis 120 km/h

Gazelle

Verbreitung: Afrika, Asien
Größe: bis 150 cm
Gewicht: bis 70 kg
Geschwindigkeit: bis 60 km/h

Zebra

Verbreitung: Afrika
Größe: bis 155 cm
Gewicht: bis 400 kg
Geschwindigkeit: bis 60 km/h

1. Vergleiche die Tiere hinsichtlich ihrer Größe, ihres Gewichtes und ihrer Geschwindigkeit:
   … ist größer / schwerer / schneller als …
   … ist am größten / schwersten / schnellsten.
   … ist genauso groß / schwer / schnell wie …

Der Gepard ist Kleiner als das Zebra. Es ist am Kleinsten.
Der Gazelle ist leichter als der Gepard.
Das Zebra ist gleich schnell wie die Gazelle.
Der Gepard ist schneller als die Gazelle.
Die Gazelle ist langsammer als der Gepard.
Das Zebra ist schwerer als die Gazelle

2. Trage die Adjektive in die Tabelle ein und ergänze.

Grundform	1. Vergleichsstufe	2. Vergleichsstufe
gut	besser als	am besten
shön	schöner	am schönsten
Klein	Kleiner	am Kleinsten
nahe	näher	am nächsten

besser als ✓ am schönsten ✓ klein am nächsten

Zusammengesetzte Adjektive

S. 31

1. Setze die Adjektive mit dem Nomen zusammen:
   federleicht

 leicht federleicht

 reich steinreich

 kalt eiskalt

 glatt spiegelglatt

 dunkel stockdunkel

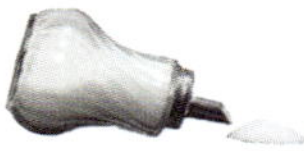 süß zuckersüß

2. Ergänze die Sätze mit passenden Adjektiven aus Aufgabe 1.

Gestern Abend fiel der Strom aus. Es war stockdunkel.

Die Temperatur des Wassers betrug 1 Grad Celsius. Es war eiskalt.

Zuerst hat es geregnet, dann wurde es sehr kalt.

Nun ist die Straße spiegelglatt.

Die Tasche ist leer. Sie ist federleicht.

Er hat eine Million Euro gewonnen. Nun ist er steinreich.

Im Tee ist sehr viel Zucker. Der Tee ist zuckersüß.

3. Beschreibe die Farben genau. Setze sie mit einem passenden Nomen zusammen:
   zitronengelb

 zitronengelb

 himmelblau

 tannengrüen

 feuerrot

 pechschwarz

 mausgrau

Feuer	Himmel	Maus	Zitrone	Tanne	Pech

Satzglieder: Umstellprobe

S. 32

1. Bilde mit jedem Satzgliederfächer einen Aussagesatz und stelle ihn zweimal um.

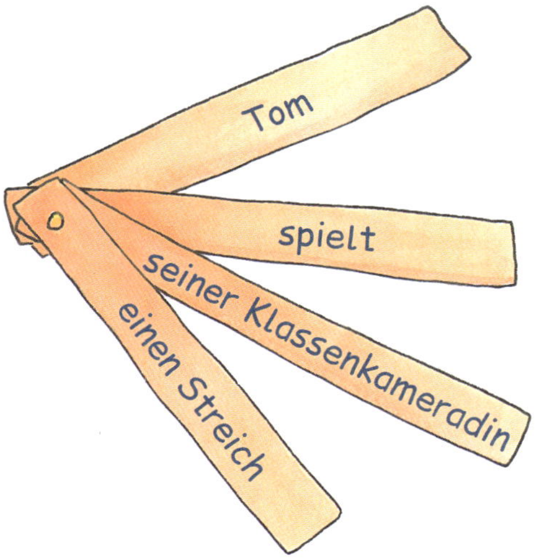

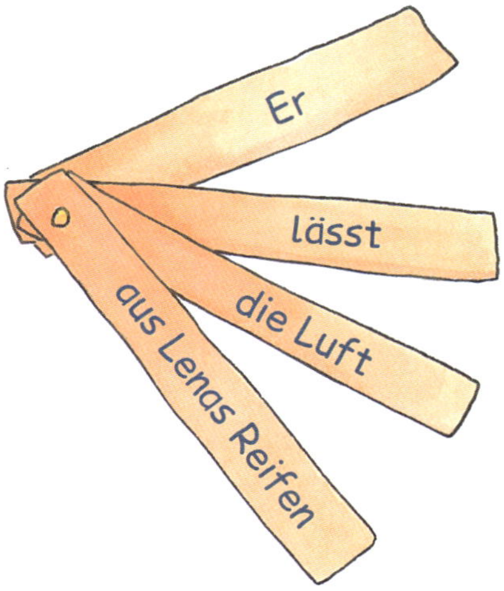

Tom spielt einen Streich seine Kassenkameradin.
Einen Streich spielt Tom seiner Klassenkameradin.
Seiner Kassenkameradin spielt Tom einen Streich.
Die Luft lässt er aus Lenas Reifen
Aus Lenas Reifen lässt er die Luft

2. Stelle den Satz zweimal um.

Jan | beobachtet | den Übeltäter | vom Fenster aus.

Vom Fenster aus beobachtet Jan den Übeltäter.
Den Übeltäter beobachtet Jan vom Fenster aus.

3. Trenne die Satzglieder durch Striche voneinander ab.

Tom entschuldigt sich

Jan | hilft | seiner Klassenkameradin. Er | pumpt | die Reifen | wieder auf. Danach | stellt | er | Tom | zur Rede.
Anschließend entschuldigt sich Tom bei Lena.
Geduldig hört sie Tom zu. Sie nimmt die Entschuldigung an.
Tom reicht Lena die Hand zur Versöhnung. Lena schlägt ein.

4. Vergleicht eure Lösungen.

Prädikat und Subjekt

S. 33

Clara ist sehr traurig. Sie wurde zu Unrecht beschuldigt, ihrer Klassenkameradin einen Geldschein gestohlen zu haben.

Clara weint.
Die Schulglocke ertönt.
Sie verlässt das Schulgebäude.
Die Mitschüler warten auf sie.
Sie beschuldigen Clara.
Clara verteidigt sich.
Bernd schlägt das Mädchen.
Alle schauen zu.
Clara rennt weg.

1. Kreise in jedem Satz das Prädikat grün ein und unterstreiche das Subjekt gelb.

2. Trage die Subjekte und Prädikate in die Tabelle ein.

Subjekt Wer oder was tut etwas?	**Prädikat** Was tut/tun …?, Was geschieht …?

3. Was würdest du in Claras Situation tun?
An wen würdest du dich wenden? Besprecht euch in der Gruppe.

ie in Wortfamilien

1. i oder ie? Schreibe die Wörter in das richtige Häuschen.

w●rken b●gen bl●tzen d●nen sch●ldern bl●cken

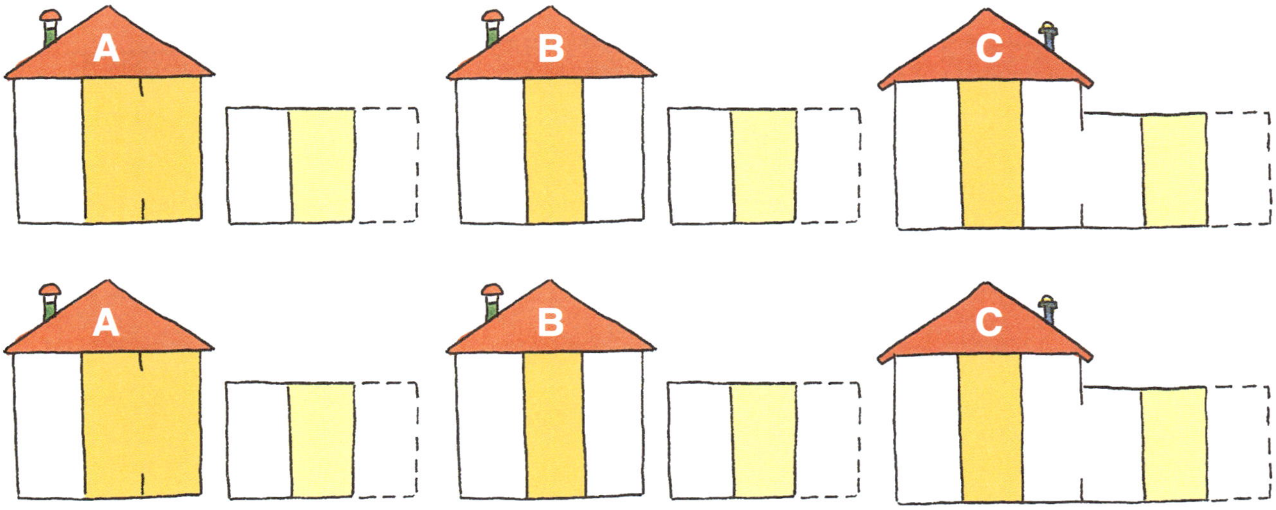

2. Bilde Wortfamilien zu folgenden Verben:

schieben: ______________________________

schießen: ______________________________

3. i oder ie? Finde das zweisilbige Wort und trage es in das Häuschen ein.

Br●fumschlag

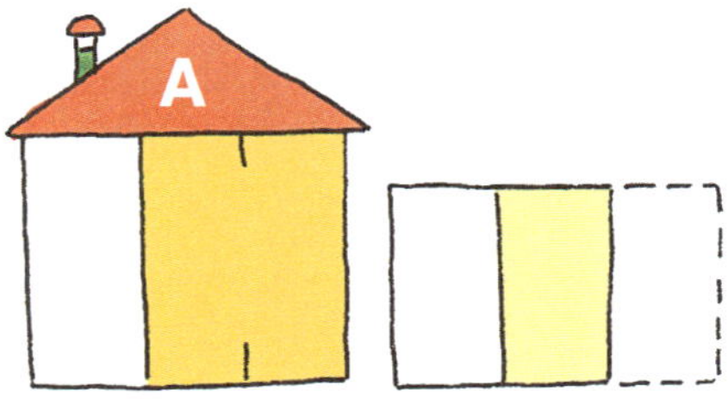

Z●lscheibe

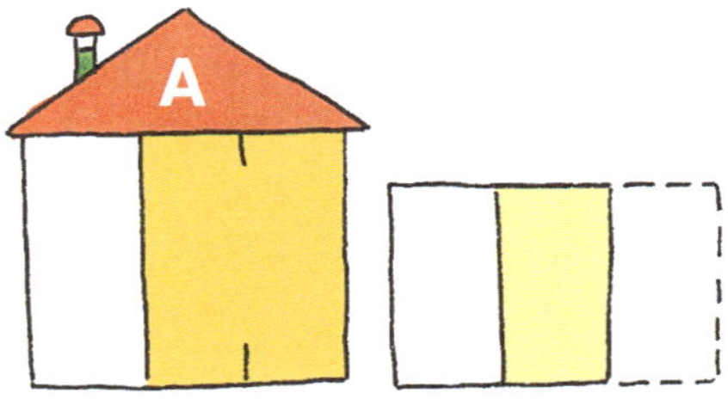

Fremdwörter auf -ieren

S. 35

1. Bilde Verben mit der Nachsilbe -ieren und schreibe sie auf.
   Korrektur – korrigieren
2. Verbinde die Verben mit der passenden Bedeutung.

a) Korrektur ______	systematisch üben
b) Motivation ______	seine Ablehnung äußern
c) Training ______	berichtigen
d) Prämie ______	anregen, etwas zu tun
e) Protest ______	einen Preis verleihen
f) Kombination ______	malnehmen
g) Multiplikation ______	sich sprachlich ausdrücken
h) Kommentar ______	seine Meinung äußern
i) Formulierung ______	eine Schlussfolgerung ziehen

3. Schreibe die Verben und deren Bedeutung so in dein Heft:
   ich korrigiere – ich berichtige
4. Finde weitere Verben auf -ieren und schreibe ihre Bedeutung auf.
   Du kannst im Wörterbuch oder im Internet nachschauen.

Texte erschließen – Redewendungen

S. 36

1. Wie verhalten sich die Personen auf den Bildern? Betrachte die Bilder genau.
2. Ordne jedem Bild eine passende Redewendung zu.

(5) sauer sein

(1) Licht am Horizont sehen

(3) im Quadrat springen

(4) an der glatten Wand hochgehen

(2) drei Kreuze hinter etwas machen

(6) vor Wut schäumen

3. Was bedeuten die Redewendungen? Trage sie in die Tabelle ein.

Erleichterung	Wut

4. Kennst du weitere Redewendungen?
Male ein Bild und schreibe die Redewendung und die Bedeutung auf.

Eine Erlebnisgeschichte planen

S. 38, 39

1. Ich: Lies den Schluss der Geschichte.
   Was könnten die beiden Jungen erlebt haben? Schreibe deine Ideen in die Ideenspinne von innen nach außen.

   Du: Tausche dich mit einem Partner aus.

   Wir: Stellt eure Ideen vor und ergänzt die Ideenspinne mit weiteren Ideen.

;)

Hannah ;)

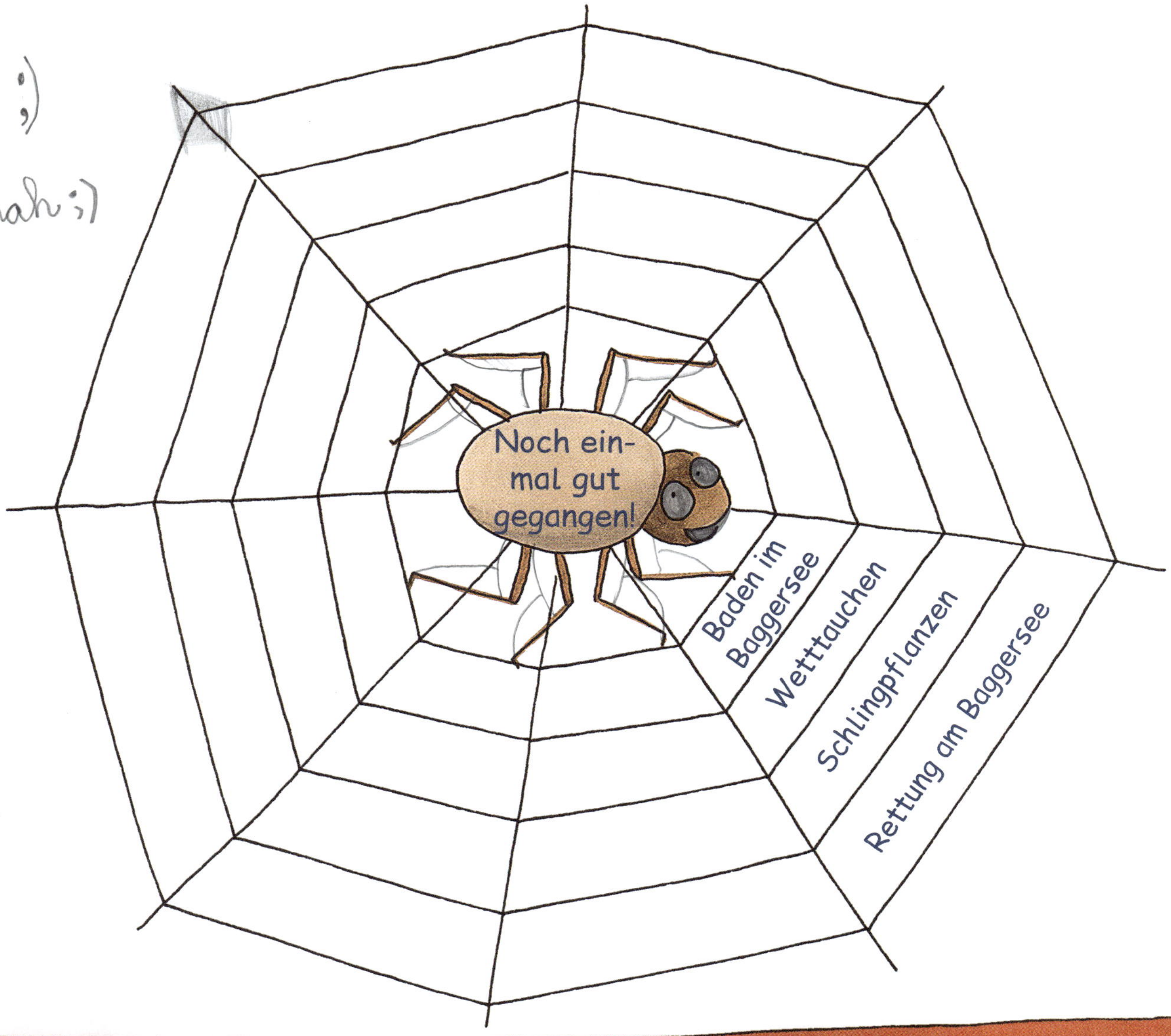

Eine Erlebnisgeschichte schreiben

S. 38, 39

1. Wähle eine Schreibidee aus der Ideenspinne aus.
   Notiere in den Gedankenblasen Stichwörter zu deiner Geschichte.

Wer kommt in der Geschichte vor?
2 Kinder
Oma
Hund

Wo spielt die Geschichte?
Im Wald
in Russland

Wann spielt die Geschichte?
2021 im Sommer
2043 (in der Zukumpft)

Handlung – Höhepunkt – Schluss
Tour im Wald
sahen ein kleines Einhorn
der Hund aß das Einhorn

2. Verschiedene Satzanfänge helfen, eine Geschichte abwechslungsreich und spannend zu schreiben. Schreibe die Satzanfänge in die Tabelle.

Einleitung	Hauptteil	Schluss
2 kinder, Oma im Wald	der Hund wandert weg. Sie suchen ihn.	Sie finden ihn mit Fluegeln und gehen nach Hause.

Plötzlich … Zu guter Letzt … Eines Tages … Schließlich …
Einmal … Zu Beginn … Jetzt … Auf einmal … Am Anfang …
In letzter Minute … Am Ende … Zum Schluss …

3. Vergleiche mit einem Partner.

4. Schreibe deine Geschichte mithilfe der Stichwörter auf. Achte auf abwechslungsreiche Satzanfänge.

Satzglied: Ortsangabe

S. 44

Der Knappe Kilian hat gerade das Pferd des Burgherrn in den Stall gebracht.
Bevor er zu seinem Herrn zurückkehrt, macht er noch schnell einen Umweg.

Legende

1. Torhaus mit Zugbrücke und Fallgatter
2. Wehrturm
3. Burgmauer
4. Wehrgang
5. Vorburg
6. Küchenhaus
7. Brunnen
8. Schmiede
9. Stallgebäude
10. Kräutergarten
11. Kernburg
12. Palas mit Kemenate, Rittersaal und Kapelle
13. Aborterker
14. Bergfried mit Wachraum, Waffenraum und Verlies

1. Unterstreiche in jedem Satz die Ortsangabe lila und schreibe die Frage dazu auf:

   Kilian steht vor dem Stallgebäude. Wo steht Kilian?

   a) Kilian steht vor dem Stallgebäude.

   ____

   b) Heimlich schleicht er sich an der Schmiede vorbei.

   ____

   c) Nun wendet er sich nach rechts.

   ____

   d) Geduckt läuft der Knappe an der Mauer des Kräutergartens vorbei.

   ____

   e) An der Ecke der inneren Burgmauer biegt er nach links ab.

   ____

   f) Schnell schleicht er in das Küchenhaus.

   ____

2. Zeichne den Weg in den Plan ein.

Satzglied: Zeitangabe

S. 45

1. Der älteste Sohn eines Ritters trat die Nachfolge des Vaters an. Die nachfolgenden Söhne wurden meistens in ein Kloster gegeben. Das Schaubild zeigt den Tagesablauf der Mönche.

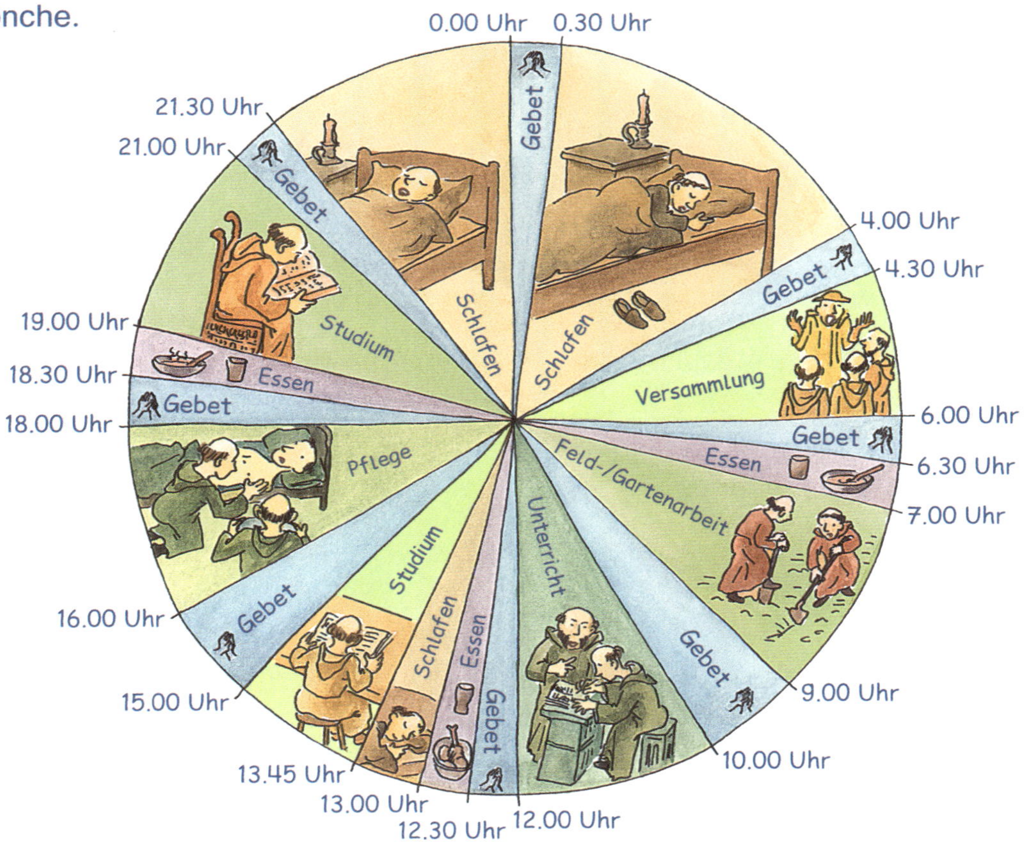

2. Beantworte die Fragen mithilfe des Diagramms und unterstreiche die Zeitangaben blau.

   a) Wann standen die Mönche auf?

   ____

   b) Wie lange arbeiteten die Mönche im Garten?

   ____

   c) Wann aßen die Mönche zu Mittag?

   ____

   d) Wie lange beschäftigten sich die Mönche mit der Krankenpflege?

   ____

   e) Wann aßen die Mönche zu Abend?

   ____

   f) Wie oft beteten die Mönche?

   ____

3. Stelle einem Partner weitere Fragen zum Tagesablauf der Mönche.

Personalpronomen – Redewendungen

S. 46

1. Ergänze die Personalpronomen
   er, sie, ihm, ihn, ihnen.

Die Geschichte des Bauernjungen Kilian

Kilian war ein Bauernjunge. ____ lebte in einem kleinen Dorf in der Nähe der Burg Hohenstein. Sein Leben als Leibeigener gefiel ______ nicht. ____ wollte in die Stadt gehen, weil ____ sich dort ein besseres Leben erhoffte. Auf dem Weg dorthin begegneten ______ viele Menschen. ____ halfen dem Jungen in der Not und begleiteten ______ auf die Burg des Ritters Walther, wo Kilian von nun an lebte. Schnell fand ____ viele Freunde. Mit __________ erlebte er viele Abenteuer. Eines Tages gelang es __________ sogar, einen feindlichen Ritter zu besiegen.
Zum Dank entließ Ritter Walther alle Leibeigenen in die Freiheit.

2. Welche Bedeutung passt zu welcher Redewendung? Verbinde.

sich auf ein hohes Ross setzen •	• etwas Bestimmtes vorhaben oder planen
etwas im Schilde führen •	• wütend werden
in Harnisch geraten •	• überheblich sein
jemanden im Stich lassen •	• jemanden genau beobachten
jemanden im Visier haben •	• das Essen beenden
die Tafel aufheben •	• jemanden in einer schwierigen Lage allein lassen

Auslautverhärtung

S. 47

1. Löse das Rätsel. Entscheide bei jedem gesuchten Wort, ob es mit b oder p, d oder t, g oder k geschrieben wird. Verlängern hilft dir dabei.

1) Wohnsitz eines Ritters
2) Räuber
3) … und Nacht
4) Das Leben der Ritter war …
5) Die Armen hatten wenig …
6) darauf kochte man
7) Er beschlug die Pferde.
8) Der Ritter zog sein …
9) adliger Heerführer
10) Getreide wächst auf dem …
11) viele Bäume
12) Herrscher eines Landes

Die markierten Buchstaben ergeben das Lösungswort für den Lösungssatz:

Mit dem ______________________ wurde der Knappe in den Ritterstand erhoben.

2. Setze b oder p, d oder t, g oder k ein.

Eine belie___te Freizei___beschäftigung der Ritter war die Jag___.
Bereits am frühen Morgen versammelte sich die Jag___gesellschaft
im Bur___hof. Als alle auf ihrem Pfer___ saßen, tra___ten sie los.
Es war noch ziemlich kal___ und nebli___. Langsam stieg die Sonne
am Horizon___ auf. Plötzlich sahen sie einen mächtigen Hirsch
am Wal___ran___ stehen. Witternd ho___ das Tier die Nase
gegen den Win___. Lau___ hörbar so___ es die Luft ein.
Auf einmal machte der Hirsch kehrt und galoppierte in
den schützenden Wal___ hinein. Verge___lich verfol___ten
die Reiter den Hirsch, er war im Dickich___ verschwunden.
An diesem Ta___ war ihnen das Jag___glück nicht hol___.

Wortfeld sehen

S. 48

1. Ergänze die Sätze mit den passenden Verben in der Gegenwart.

Der Burgherr ______ 1) ______ *die Ahnenbilder im Rittersaal.*

Der Ritter ______ 2) ______ *durch das Visier.*

Die Wachsoldaten ______ 3) ______ *die ankommenden Feinde.*

Der Ritter ______ 4) ______ *das Ungeheuer an.*

Der Jäger ______ 5) ______ *das Wild.*

Der Jagdfalke ______ 6) ______ *eine Maus.*

Im Wasser ______ 7) ______ *der Jäger einen Biber.*

Die Burgherrin ______ 8) ______ *sich die Ritterspiele an.*

Der Ritter ______ 9) ______ *das Wappen des Freundes.*

Heutzutage ______ 10) ______ *viele Besucher die Ruinen ehemals stolzer Burgen.*

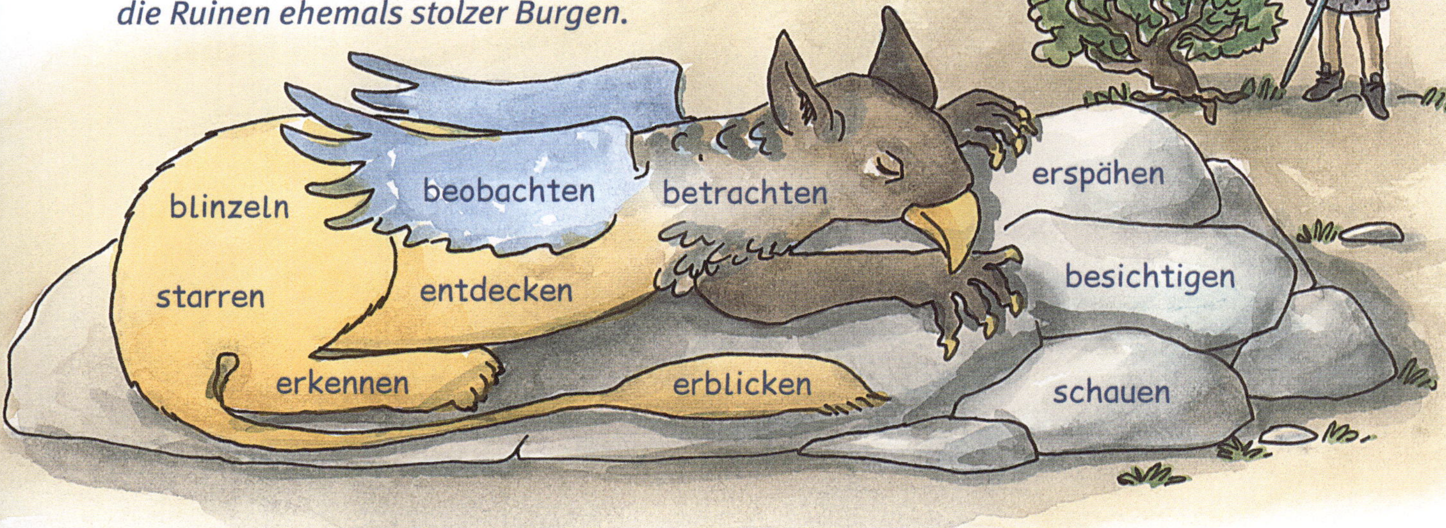

2. Die Buchstaben über den Zahlen aus Aufgabe 1 ergeben die Lösung.

Lösungswort: __ __ __ __ __ __ __ __ __ __
1) 2) 3) 4) 5) 6) 7) 8) 9) 10)

Lösungssatz: Der Wohnsitz eines Ritters ist die ____________________.

Ein Rezept verstehen und schreiben

S. 50, 51

1. Betrachte die Bilder. Schreibe die Zubereitung der Waffeln in der man-Form auf. Beschreibe die einzelnen Arbeitsschritte genau und verwende unterschiedliche Satzanfänge.

Waffeln

Zutaten für acht Waffeln: *125 g weiche Butter, 75 g Zucker, 1 Prise Salz, 3 Eier, Puderzucker, 250 g Mehl, 2 gestrichene Teelöffel Backpulver, 200 ml Milch*

Zubereitung: ______________________________

____

____

____

____

____

____

____

____

____

2. Stelle einem Partner dein Rezept vor. Hast du an alles gedacht?

Wörtliche Rede mit Redebegleitsatz

S. 55, 56

1. Unterstreiche die Redebegleitsätze rot, die wörtliche Rede jeweils grün.

Lena mochte Tom schon seit Langem.
Doch in der letzten Zeit hatte sie bemerkt,
dass Sara immer zu Tom hinüberschaute.
Sara sagte zu Lena: „Stell dir vor, Tom mag mich."
„Wie kommst du denn darauf?", fragte Lena.
„Weil wir zusammen schwimmen gehen",
antwortete Sara.
„Ihr geht zusammen schwimmen?", staunte Lena.
Sie konnte es kaum glauben.
„Was ist mit dir?", fragte Sara.
Lena schüttelte den Kopf.
„Übrigens – du sollst auch mitkommen", sagte Sara.
„Was?", fragte Lena.

2. Ergänze die richtigen Satzzeichen.

Am Nachmittag besuchten Tom, Sara und Lena zusammen das Schwimmbad. Als sie später nach Hause gingen, rannte Lena davon, ohne etwas zu sagen.

Tom fragte Lena am nächsten Tag ___ Was war denn los ___ Ich dachte,

wir gehen zusammen ins Schwimmbad und Sara begleitet uns ___

___ Was ___ Du wolltest doch mit Sara schwimmen gehen ___

stammelte Lena ___

Tom verneinte ___

___ Willst du damit sagen, dass du eigentlich mit mir

ins Schwimmbad wolltest ___ wollte Lena wissen ___

Tom bejahte ___

___ Ach, Tom ___ Ich wollte dir schon lange sagen,

dass ich … dass ich … ___ stotterte Lena ___

___ Ich mag dich auch ___ erwiderte Tom ___

Wörtliche Rede mit nachgestelltem Redebegleitsatz S. 56, 57

Bille war fünf Jahre lang Tomas' Freundin. Dann verliebte sich Bille in Konrad. Tomas war sehr traurig. Nach vielen Wochen …

1. Schreibe das Gespräch auf. Stelle den Redebegleitsatz hinter die wörtliche Rede.

fragte Bille — rief Tomas — sagte der Bruder — rief Tomas
meinte die Schwester — wandte Mutter ein — bemerkte Vater

2. Was würdest du zu Tomas sagen? Schreibe in dein Heft.

Wen- oder Was-Ergänzung

S. 58

1. Schreibe die Frage nach der Wen- oder Was-Ergänzung auf.
   Unterstreiche die Wen- oder Was-Ergänzung rot.
   Achtung: Die Wen- oder Was-Ergänzung kann aus mehreren Wörtern bestehen.
   Kai stört den Urlaub seiner Eltern.
   Wen oder was stört Kai?

   a) Kai stört den Urlaub seiner Eltern.

   b) Die Eltern schicken Kai in ein Ferienlager.

   c) Dort erleben Kai und Lena einige Abenteuer.

   d) Sie wollen eine unterirdische Höhle erforschen.

   e) Am Ende einer Grotte entdecken sie einen See.

   f) Sie finden den Ausgang der Höhle nicht mehr.

Wem-Ergänzung

 S. 59

Eva besucht am Girls'Day eine Schreinerei. Dort lernt sie den Beruf des Schreiners kennen.

1. Frage nach der Wem-Ergänzung. Schreibe die Sätze mit der passenden Wem-Ergänzung auf und unterstreiche sie orange.

Zur Begrüßung gibt Eva ● die Hand. (der Schreiner)

Der Schreiner erklärt ● ihre Aufgabe. (die Schülerin)

Eva hört ● aufmerksam zu. (der Handwerker)

Der Schreiner gibt ● Schmirgelpapier und ein Stück Holz. (das Mädchen)

z oder tz?

S. 60

1. Schreibe die Wörter mit zwei Farben in das richtige Häuschen.

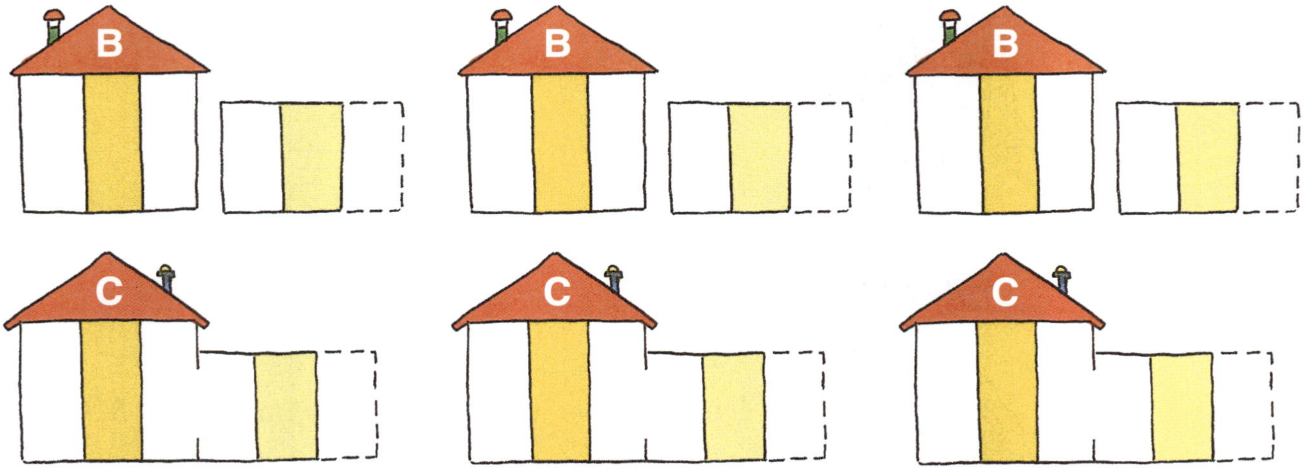

2. Jedes gesuchte Wort enthält z oder tz. Trage die Wörter ein.

1) Nase des Hundes
2) Ein Luftballon kann leicht …
3) Kopf ohne Haare
4) Es schlägt in jedem Menschen.
5) Geimpft wird mit einer …
6) sehr klein
7) Sie bedeckt den Kopf.
8) … und Donner
9) jemanden verraten
10) Schweine quieken und …
11) zwei Straßen treffen aufeinander
12) Gegenteil von frieren
13) sich zu Musik bewegen

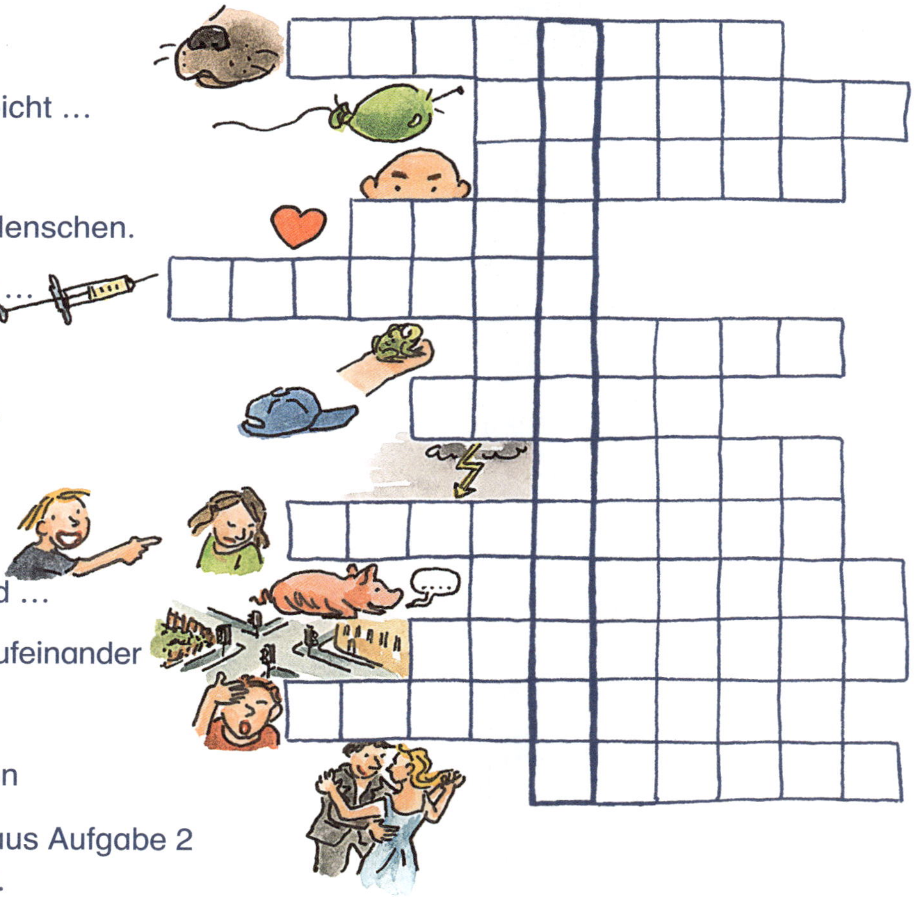

3. Die markierten Kästchen aus Aufgabe 2 ergeben das Lösungswort.

Das Pfadfindermotto lautet: ______________________!

k oder ck?

S. 60

1. Schreibe die Wörter mit zwei Farben in das richtige Häuschen.

Bir●e	bli●en	We●er
Zir●el	wel●en	pa●en

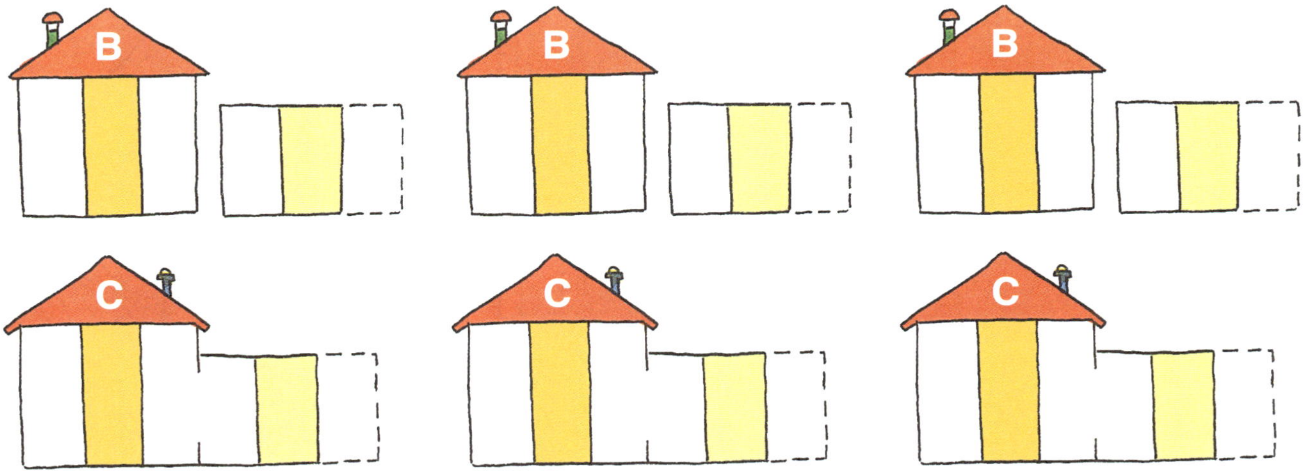

2. Finde passende Wörter für die Häuschen und schreibe sie mit zwei Farben hinein.

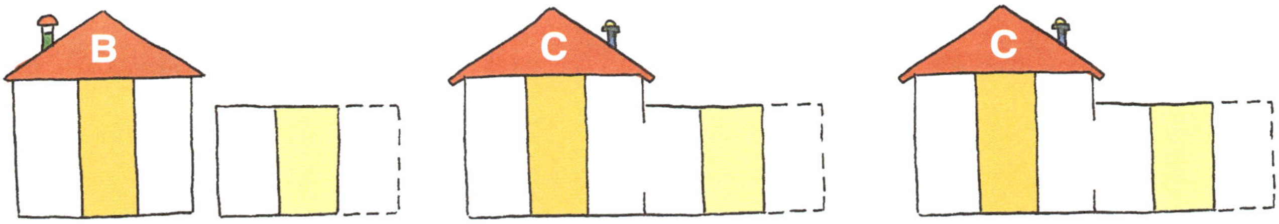

3. Ergänze k oder ck, z oder tz.

Im Pfadfinderlager

Timo, Lena und Max wollen Sto_____brot grillen. Mit einem Taschenmesser spi_____en sie vorsichtig die Stö_____e an. Dann wi_____eln sie den Teig darum und se_____en sich ans Lagerfeuer. Langsam drehen sie die Stö_____e in der Hi_____e, damit das Sto_____brot nicht schwar_____ wird. Als es dun_____el wird, kriechen sie müde in ihre Schlafsä_____e.

Personen beschreiben

S. 62, 63

1. Beschreibe das Mädchen mit Stichwörtern.

Geschlecht: ___

Größe: ___

Gestalt: ___

___

Gesicht: ___

___

Haare: ___

___

___

Augen: ___

___

Nase: ___

Mund: ___

Kleidung:

oben: ___

___

unten: ___

___

___

Schuhe: ___

___

besondere Kennzeichen: ___

S. 62, 63

2. Verfasse mithilfe der Stichwörter auf Seite 36 eine Personenbeschreibung.
   Beachte dabei Folgendes:

Beschreibe die Person sachlich und ohne Wertung.

Verwende treffende Verben und Adjektive.

Schreibe in der Gegenwart.

Beginne die Sätze abwechslungsreich.

Zukunft

S. 68

Yuki lädt ihre Brieffreundin ein.
Sie möchte ihr ihre Heimatstadt Tokio zeigen.

Tokio, den 3.4.20

Liebe Misaki,

wenn du mich in den nächsten Ferien besuchen wirst, werde ich dir meine Heimatstadt Tokio zeigen.
Wir werden eine Bootsfahrt auf dem Sumida-Fluss unternehmen. Von der Aussichtsplattform des World Trade Centers werden wir eine unvergleichliche Aussicht auf Tokio haben. In Asakusa werden wir einen sehr alten Tempel besuchen. Später werden wir über die Einkaufsstraße Nakamise bummeln.
Beim Kaiserpalast werden wir durch den großen Park spazieren.
Was meinst du dazu? Ich freue mich schon auf unsere gemeinsamen Ferien.

Liebe Grüße

Deine Yuki

1. Unterstreiche in Yukis Brief alle Verben in der Zukunft.
2. Trage die unterstrichenen Verben aus Aufgabe 1 in die Tabelle ein und setze sie in die Gegenwart.

Zukunft	Gegenwart

Zukunft

S. 68

Luna erzählt ihrer Freundin, dass sie mit ihrer Klasse ein Wochenende in einem Tipi-Lager verbringen wird. So sieht ihr Plan aus:

Programm Tipi-Lager

Freitag	*Vormittag:*	• *Anreise mit dem Bus*
		• *Bezug der Zelte*
		• *Einteilung der Aufgaben*
	Nachmittag:	• *Geländespiel*
	Abend:	• *Lagerfeuer mit Gesang*
Samstag	*Vormittag:*	• *Bau von Pfeil und Bogen*
	Nachmittag:	• *Wettbewerb im Bogenschießen*
	Abend:	• *Grillen am Lagerfeuer und Siegerehrung*
Sonntag	*Vormittag:*	• *Abschlussrunde*
		• *Abreise*

1. Was wird Luna mit ihrer Klasse im Tipi-Lager unternehmen?
   Schreibe in der Zukunft. Verwende abwechslungsreiche Satzanfänge.

2. Was machst du am nächsten Wochenende? Schreibe in der Zukunft in dein Heft.

Zweiteiliges Prädikat

S. 69

1. Die Kinder unterhalten sich über ihre Berufswünsche.
   Unterstreiche die zweiteiligen Prädikate in den Sprechblasen.

Ich möchte Ärztin werden. Dann kann ich vielen Menschen helfen.

Ich will Tierpfleger werden. Den ganzen Tag werde ich mich um Tiere kümmern.

Ich werde unseren Bauernhof übernehmen. Vorher muss ich eine landwirtschaftliche Lehre auf einem anderen Hof machen.

2. Auch Verben in der mündlichen Vergangenheit bilden zweiteilige Prädikate.
   Ergänze die Lücken mit Prädikaten in der mündlichen Vergangenheit.

Lenas Oma erzählt von ihrer Kindheit:

„Morgens ________ ich um sechs Uhr ______________________. Dann __________ ich für meine Geschwister das Frühstück ______________________.

Anschließend __________ wir zur Schule ______________________.

Am Nachmittag __________ ich meine Hausaufgaben ______________________.

Dann __________ ich meiner Mutter im Haushalt ______________________.

Später __________ wir alle gemeinsam zu Abend ______________________.

Danach __________ wir zu Bett ______________________."

gehen   helfen   machen   aufstehen   zubereiten   essen   gehen

3. Was wirst du morgen machen? Beschreibe in deinem Heft deinen Tagesablauf in der Zukunft. Unterstreiche die zweiteiligen Prädikate.

Wörter mit ß

S. 70

1. s oder ß? Bilde die zweisilbige Form und entscheide, ob der s-Laut wie bei einer Biene oder einer Schlange klingt:

   Gräser – Gras

   Gra●: ______ – ______
   Gefä●: ______ – ______
   Spa●: ______ – ______
   Spie●: ______ – ______
   Sto●: ______ – ______
   Strau●: ______ – ______
   Mau●: ______ – ______
   Gla●: ______ – ______
   Fu●: ______ – ______
   Hau●: ______ – ______

2. Bilde zusammengesetzte Nomen und schreibe sie mit dem bestimmten Artikel zu den Bildern.

 ______

 ______

 ______

 ______

beißen schießen reißen gießen

Kanne Ring Scheibe Verschluss

3. Löse die Rätsel und trage die Wörter mit ß ein.

   Die Mutter deiner Mutter oder deines Vaters: _ _ _ _ _ _ _ _ _ _

   Ein breiter Weg für Fahrzeuge: _ _ _ _ _ _

   Der unterste Teil des Beines: _ _ _

   Ein Wasserfahrzeug aus zusammengebundenen Holzstämmen: _ _ _ _

4. Die markierten Buchstaben aus Aufgabe 3 ergeben das Lösungswort. Ergänze den Lösungssatz.

   Zum Geburtstag verschicken wir einen lieben _ _ _ _.

Die eigene Meinung begründen

S. 72

1. Lies die Notizen zum Beruf Polizist.
   Was spricht deiner Meinung nach für diesen Beruf? – Unterstreiche grün.
   Was spricht dagegen? – Unterstreiche braun.

Beruf: Polizist

- *fährt mit Polizeifahrzeug*
- *berät und hilft Bürgern*
- *überwacht den Straßenverkehr*
- *klärt Straftaten auf*
- *muss fit sein, um Straftäter zu stellen und in Gewahrsam zu nehmen*
- *nimmt Verkehrsunfälle auf*
- *muss Verletzte und Tote sehen können*
- *muss in schwierigen Situationen ruhig reagieren*
- *erstellt Berichte und Protokolle*
- *Dienst: rund um die Uhr, auch an Wochenenden*

2. Trage die Stichpunkte in die Tabelle ein.

dafür	dagegen

3. Vergleiche mit einem Partner und begründe deine Zuordnung.

S. 72

4. Verfasse einen Text in der Gegenwart über den Beruf Polizist.
   - Schreibe deine Meinung.
   - Nenne Gründe und Beispiele dafür.
   - Nenne Gründe und Beispiele dagegen.

5. Stellt eure Texte in der Gruppe vor und sprecht darüber.

Dian Fossey erfüllte sich einen Kindheitstraum. Im Regenwald von Ruanda (Afrika) erforschte sie die scheuen Berggorillas.

1. Schreibe zu jedem Satz die Frage nach dem markierten Nomen auf. Benutze die passenden Fragewörter.

Wer oder was ...?	Wessen ...?	Wem ...?	Wen oder was ...?

a) Der Gorilla lebt in Gruppen im hoch gelegenen Regenwald.

____

b) Das Fell des Gorillas ist schwarz und seidig.

____

c) Wilder Sellerie schmeckt dem Gorilla besonders gut.

____

d) Menschen dürfen den Gorilla nicht anstarren.

____

2. Ergänze die Sätze mit „der Gorilla“ im richtigen Fall.

Dian Fossey beobachtete ____________________.

Sie näherte sich ____________________ auf allen Vieren.

Vorsichtig berührte sie die Hand ____________________.

____________________ legte seinen Arm um ihre Schulter.

des Gorillas den Gorilla der Gorilla dem Gorilla

Die vier Fälle

S. 78, 79

1. Ergänze die Tabelle.

1. Fall	der Regenwald	Wer oder was …?
2. Fall		
3. Fall		
4. Fall		

2. Ergänze die Sätze mit „der Regenwald“ im richtigen Fall.

Der Regenwald – Heimat der Berggorillas

____________________ ist der Lebensraum der Gorillas und vieler weiterer Tier- und Pflanzenarten.

Das Dickicht ____________________ bietet den Gorillas Schutz.

Der Mensch gefährdet ____________________ durch Abholzen.

Die täglichen Niederschläge geben ____________________ die nötige Feuchtigkeit.

3. Schreibe jeweils die vier Fälle des Nomens mit dem bestimmten Artikel auf.

Fall	der Baum	die Blume	das Tier
1. Fall			
2. Fall			
3. Fall			
4. Fall			

Der 2. Fall

S. 78, 79

1. Für welche Bereiche sind die Götter zuständig?
   Bilde jeweils den Wessen-Fall (Genitiv) der Nomen in den Klammern.

Amun

Gott ____________________
(der Wind)

Osiris

Gott ____________________
(die Toten)

Isis

Göttin ____________________
(die Natur)

Anubis

Gott ____________________
(der Tod)

Hathor

Göttin ____________________
(die Liebe)

Sobek

Gott ____________________
(das Wasser)

2. Der Pharao wurde wie ein Gott verehrt und gekleidet.
   Ergänze die Sätze mit den Nomen im Wessen-Fall (Genitiv).

Das Material ____________________ bestand aus Papyrus oder Leder. Der Stoff ____________________ war sehr kostbar. Die Farben ____________________ waren Gold und Blau. Die Zeichen ____________________ waren der Krummstab und die Geißel. Der Krummstab war das Symbol ____________________. Die Geißel war eine Art Peitsche, mit der der Pharao die Schatten ____________________ vertreiben konnte.

die Kopfbedeckung — die Macht — die Kleidung
die Sandalen — das Böse — die Gerechtigkeit

Ableiten: a – ä, au – äu

S. 80

1. Finde weitere 9 Wörter mit ä oder äu in dem Suchsel und markiere sie.
2. Ergänze den Text mit den passenden Wörtern aus dem Suchsel.

Der ________________ Pharao Tutanchamun war tot. Ein ______________ verbreitete die Nachricht in der Stadt. Trauer herrschte in allen ägyptischen ________________. Die ________________ schrieben vor, dass der Tote mit einem Großteil seines Reichtums bestattet werden musste. Der Herrscher fand seine letzte ________________ im Tal der Könige. Im Verlauf vieler Jahrhunderte verschafften sich immer wieder ________________ Zutritt zu diesem ________________. Sie ________________ etliche ________________ aus. Geröll verdeckte den Eingang des Grabes von Tutanchamun. Erst Howard Carter fand nach langer, ________________ Suche das Grab des jungen Pharaos.

3. Schreibe zu jedem Wort aus dem Suchsel ein verwandtes Wort mit a oder au.
   mächtige – die Macht

Eine Abenteuergeschichte schreiben

S. 82

1. Betrachte die Bilder und überlege:
   - Wie könnte die Geschichte weitergehen?
   - Wie geht die Geschichte aus?
2. Notiere in den Gedankenblasen Stichwörter zu der Geschichte.

Wer kommt in der Geschichte vor?

Wo spielt die Geschichte?

Wann spielt die Geschichte?

Handlung – Höhepunkt – Schluss

3. Finde eine Überschrift und schreibe deine Geschichte auf.

S. 83

Wortfeld fahren

1. Ergänze die Sätze mit den passenden Verben.
   Schreibe jeden Buchstaben einzeln.

Der Zug _ _ _ _ _ _ _ mit lautem Getöse vorbei.
2)

Der Junge _ _ _ _ _ _ mit dem Bus zur Schule.
4)

Die Kinder _ _ _ _ _ _ mit dem Schlitten den Berg hinunter.
12)

Der Traktor _ _ _ _ _ _ _ auf der Landstraße.
1)

Die Dampflok _ _ _ _ _ _ _ los.
5)

Der Radfahrer _ _ _ _ _ _ gemütlich durch den Wald.
7)

Das Auto _ _ _ _ _ _ _ _ den Radfahrer.
8)

Der Eisschnellläufer _ _ _ _ _ _ _ über die Eisfläche.
13)

Die Inlineskater _ _ _ _ _ _ _ vorbei.
6)

Der Skifahrer _ _ _ _ den Berg hinunter.
3)

Das schnelle Auto _ _ _ _ _ _ _ _ _ _ in der Kurve.
11)

Die Familie _ _ _ _ _ ins Ausland.
9)

Der Sportwagen _ _ _ _ _ _ davon.
10)

tuckern	donnern	rasen	fahren	sausen
reisen	zischen	flitzen	schleudern	
rattern	gleiten	radeln	überholen	

2. Die Buchstaben über den Zahlen aus Aufgabe 1 ergeben die Lösung.

Lösungswort: _ _ _ _ _ _ _ _ _ _ _ _ _
1) 2) 3) 4) 5) 6) 7) 8) 9) 10) 11) 12) 13)

Lösungssatz: Das Auto ist ein ______________________.

Vorsilben – zweiteilige Prädikate

S. 88

Das tapfere Schneiderlein und der Riese

Der Schneider stieg mit seinem neuen Gürtel einen Berg hinauf. Dort saß ein gewaltiger Riese. Der Riese schaute sich gemächlich um. Der Schneider ging beherzt zu ihm und sprach: „Guten Tag, Kamerad, was schaust du dir die weite Welt an?" Der Riese blickte den Schneider verächtlich an, nahm einen Stein vom Boden auf und drückte ihn so fest zusammen, dass das Wasser heraustropfte. „Mach mir das nach", forderte der Riese den Schneider auf. Dieser holte einen weichen Käse aus seiner Tasche und drückte so fest, dass der Saft herauslief. Da staunte der Riese nicht schlecht.

1. Unterstreiche alle zweiteiligen Prädikate im Text.
2. Schreibe die zweiteiligen Prädikate aus dem Text so auf:
   er stieg hinauf – hinaufsteigen

3. Der Riese fordert den Schneider zum zweiten Mal heraus.
   Bilde Sätze in der schriftlichen Vergangenheit.

hochwerfen hervorholen wegfliegen

Mehrfach zusammengesetzte Wörter

S. 89

1. Zerlege die Wörter in ihre Wortbausteine und bilde die zweisilbige Häuschenform. Ergänze die fehlenden Buchstaben.
   l/ll?: ab|fäll|ig – fallen

l/ll: abfä__ig

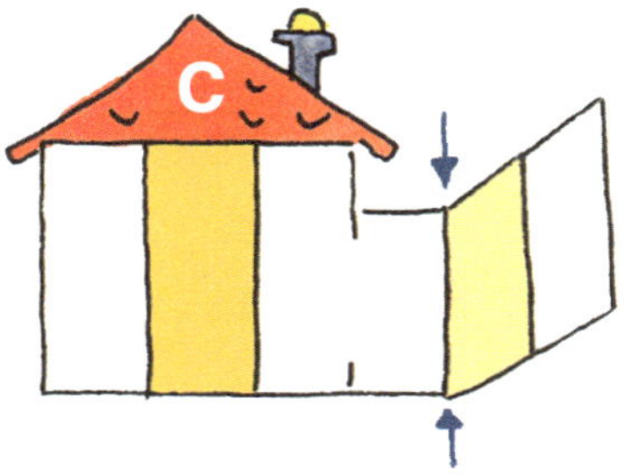

b/p: Erle__nis

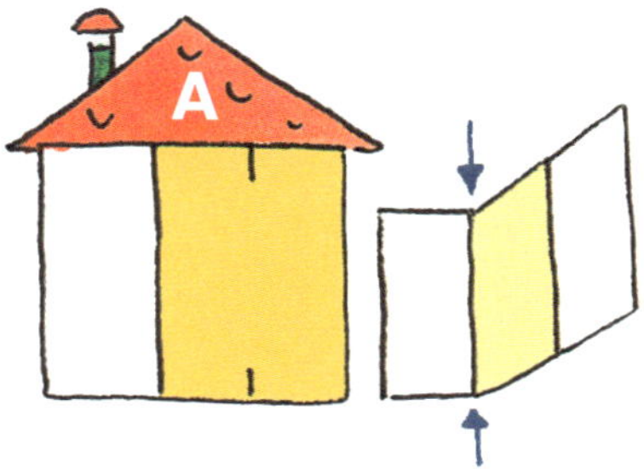

z/tz: erse__bar

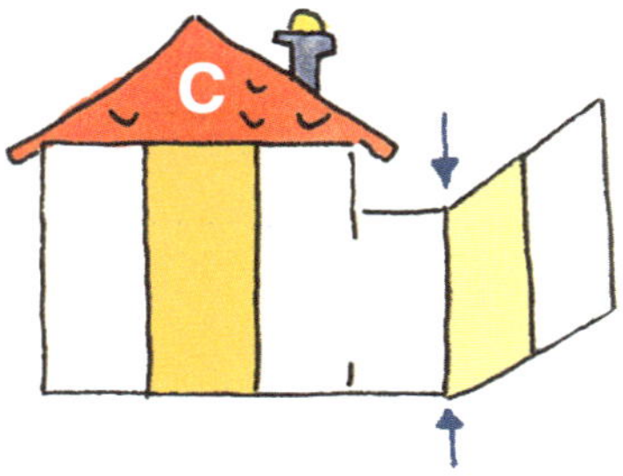

i/ie: Abb__gung

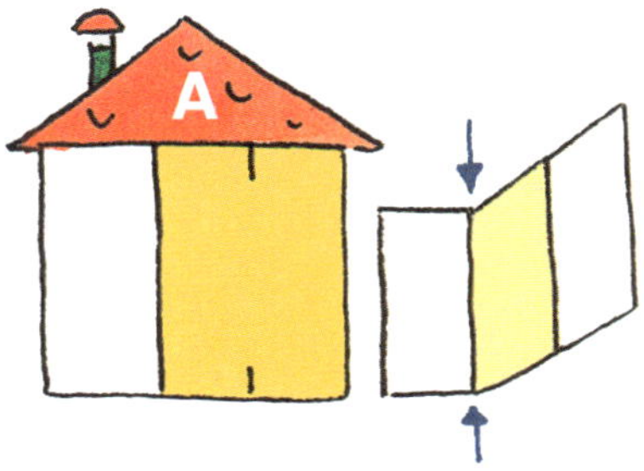

g/k: aufmer__sam

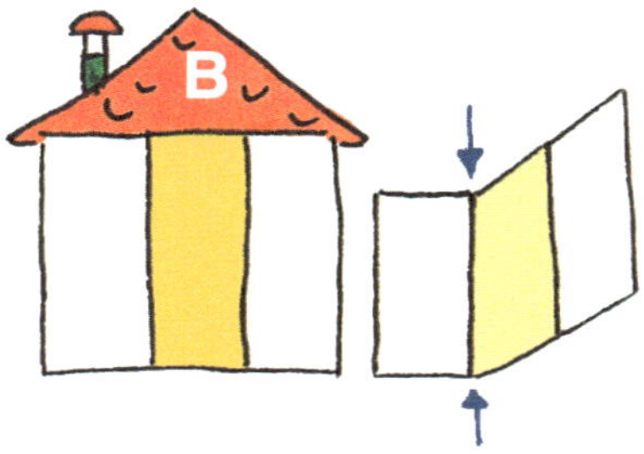

i/ie: Mitsp__ler

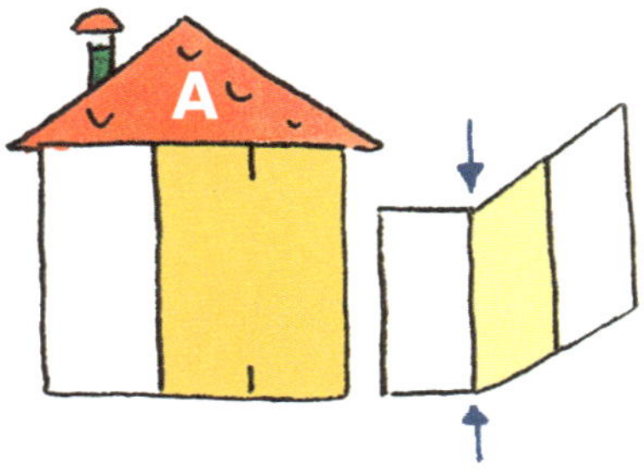

2. Bilde mithilfe der drei Wortbausteine neue Wörter. Vergleiche mit einem Partner.

ent-	vor-	unter-	lieb	trag	zahl	-ung	-bar	-keit
aus-	be-	ver-	setz	last	halt	-lich	-en	-ig

Stummes h: Das silbentrennende h

S. 90

Das silbentrennende h und das Dehnungs-h werden nicht gesprochen.
Sie erfüllen unterschiedliche Funktionen.

1. Ordne die Verben richtig zu und trage sie in die Häuschen ein.

fliehen   führen   gähnen   sehen   wiehern   fühlen

silbentrennendes h   **Dehnungs-h**

2. Unterstreiche in Münchhausens Abenteuer alle Wörter mit dem silbentrennenden h rot, die Wörter mit dem Dehnungs-h grün.

Der Hirsch mit dem Kirschbaum

Einmal entdeckte ich auf der Jagd einen wahrhaft großen Hirsch. Leider hatte ich keine Kugel mehr in meinem Gewehr. Das schien auch der Hirsch zu ahnen, denn er lachte mir frech ins Gesicht. Ich aber hatte die Ruhe weg und kramte aus meiner Tasche ein paar Kirschkerne, die ich in mein Gewehr stopfte. Langsam näherte ich mich dem Hirsch und schoss. Dieser taumelte etwas, konnte dann aber fliehen. Einige Jahre später erlegte ich diesen Hirsch. Inzwischen war ihm ein Kirschbaum zwischen dem Geweih gewachsen. So kam ich zu einem Hirschbraten mit Kirschsoße.

3. Vergleiche mit einem Partner. Begründe.

Kreatives Schreiben

S. 92, 93

1. Lies den Beginn der Fantasiereise und spiele Kopfkino. Was erlebst du?

Du machst mit deiner Familie ein Picknick auf einer Wiese am Waldrand. Nachdem ihr gegessen habt, legst du dich auf die Decke und beobachtest die Wolken am Himmel. Plötzlich siehst du …

2. Schreibe deine Geschichte in Stichworten auf.

3. Male und beschreibe die Figuren und den Ort in Stichworten.

Personen:

Ort:

4. Schreibe deine Geschichte auf und lies sie einem Partner vor.

S. 96

1. Ich: Sieh im Sprachbuch nach: Male die Bilder aus und schreibe den Namen dazu.

   Du: Wähle mit einem Partner ein Tier aus. Informiert euch in Büchern und im Internet über dieses Tier und fertigt einen Steckbrief an.

   Wir: Stellt das Tier mithilfe des Steckbriefs in der Klasse vor.

Ein Diagramm lesen und verstehen

S. 97

In Deutschland gibt es viele Auenwälder. Sie liegen an Flüssen und Bächen und werden in regelmäßigen Abständen überschwemmt. Das Klima ist gemäßigt warm und es gibt viele Niederschläge.

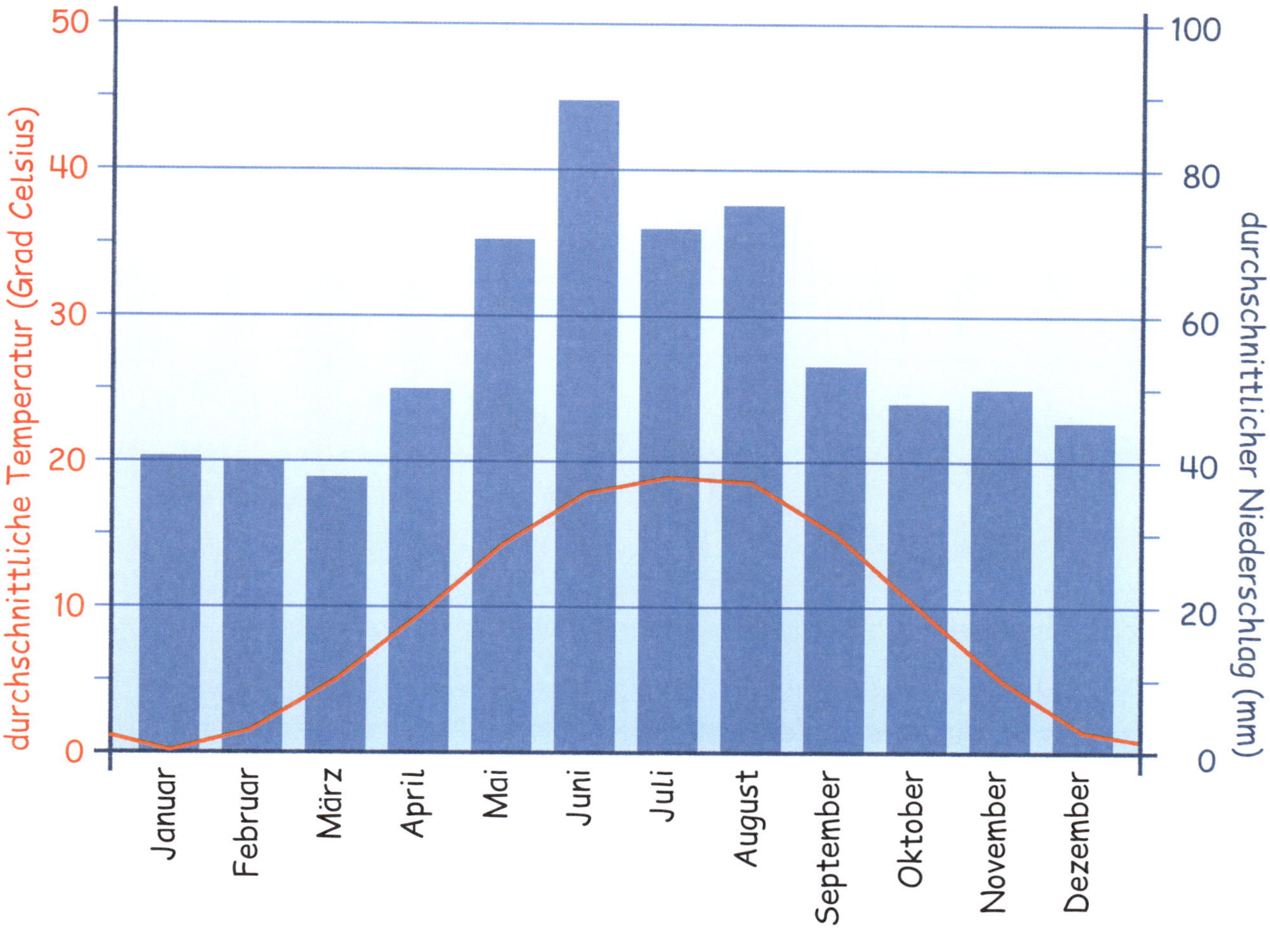

1. In welchem Monat ist es im Auenwald am wärmsten? Gib die durchschnittliche Temperatur an.

2. In welchem Monat beträgt die durchschnittliche Temperatur 0 Grad Celsius?

3. In welchem Monat regnet es am meisten? Gib die durchschnittliche Niederschlagsmenge an.

4. In welchen Monaten ist die Niederschlagsmenge gleich?

5. Finde weitere Fragen zum Klimadiagramm und stelle sie in der Klasse.

S. 98

A	F	W	Ä	H	L	E	N	G	H	A	E	H	R	E	N	I	P
Ö	D	E	E	N	E	N	W	Q	A	S	T	L	E	H	R	E	N
Ü	X	Y	F	E	H	L	E	N	C	V	F	Ü	H	L	E	N	J
V	E	R	W	Ö	H	N	E	N	A	B	W	E	E	R	E	N	G
S	Ä	F	L	A	H	M	E	N	B	O	Q	Z	Ä	H	M	E	N
M	V	E	R	Z	E	H	R	E	N	T	M	A	H	N	E	N	I

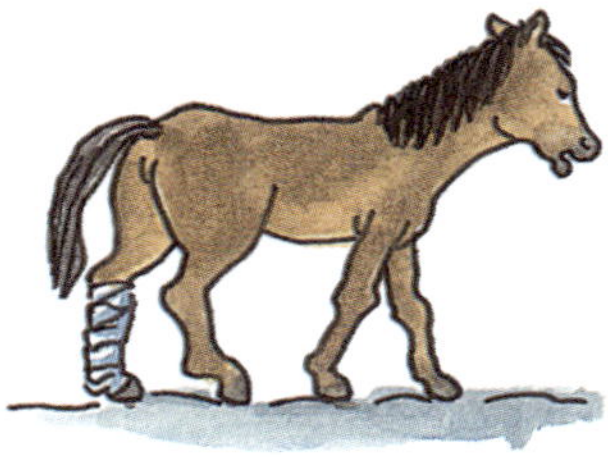
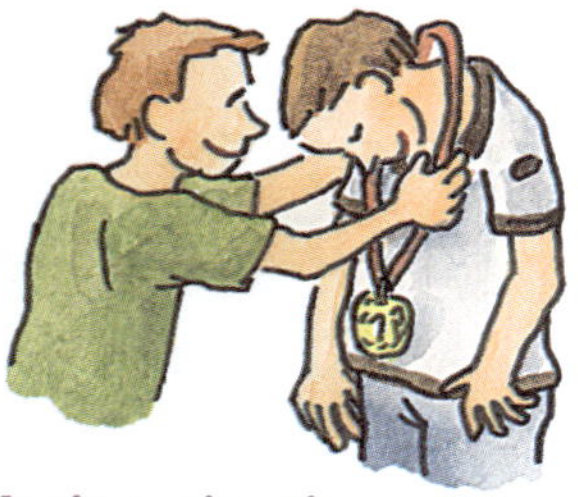

1. Im Suchsel sind zehn Verben mit Dehnungs-h versteckt. Kreise sie ein.
2. Schreibe die Verben aus Aufgabe 1 zu dem Verb mit der entsprechenden Bedeutung und ergänze den Wortstamm und die er-Form:
   aussuchen: wählen – wähl – er wählt

	Grundform	Wortstamm	er-Form
aussuchen			
erinnern			
unterrichten			
abwesend sein			
verhätscheln			
empfinden			
hinken			
auszeichnen			
bändigen			
essen			

3. Wähle fünf Verben aus und schreibe jeweils einen Satz.

Das stumme h

S. 99

1. Welche Regel trifft zu? Überlege, ob du ein „h" ergänzen musst und trage die Wörter in die entsprechende Spalte ein.

Za●l Kra●m Kra●n To●n la●m Qua●l Stro●m

Schnu●r Fa●rzeug E●re Ba●n To●r kla●r

se●r Schwa●n Za●n Tü●r Schwu●r Gefü●l

Spa●n O●r za●m schwe●r Lo●n Spu●r Ta●l

h-Regel	1. Nebenregel: Doppelstarter-Regel	2. Nebenregel: T-Starter-Regel

2. Bei welchen Wörtern musst du ein „h" ergänzen?

Se__nsüchtig blickt der Hund auf die Wurst.

Wer die Wa__l hat, hat die Qua__l.

Ein Schwu__r darf nicht gebrochen werden.

Der Le__rer fragt, ob heute Schüler fe__len.

Die Spu__r fü__rt in den Wald.

3. Schreibe die Sätze richtig in dein Heft.

Wörter mit doppeltem Selbstlaut

S. 100

1. Bilde zusammengesetzte Nomen mit doppeltem Selbstlaut:
   der Seestern

See 

Schnee 

Tee 

Klee 

Moor 

Kaffee 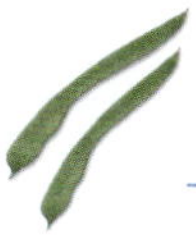

2. Bilde Wörter mit aa, ee oder oo:
   das Paar

	S	S	
H	?	?	R
P	?	?	R
	T	L	

	S	M	
B	?	?	T
T	?	?	R
	–	R	

	Z	B	
M	?	?	S
M	?	?	R
	–	T	

3. Wähle fünf Nomen aus Aufgabe 2 aus und schreibe jeweils einen Satz.

Komma als Aufzählungszeichen

Vorkommen
Spanien
Portugal
Kanada
Alaska
USA
Mexiko
Russland
China

Nahrung
Rehe
Frischlinge
Hasen
Marder
Mäuse

Arten
Rotluchs
Nordluchs
Pardell-Luchs
Kanada-Luchs

Vermehrung
1 – 5 Junge pro Wurf

Größe und Gewicht
bis 70 cm Schulterhöhe
bis 1,1 m Länge
bis 37 kg schwer

Besondere Merkmale
Pinselohren
zipfliger Backenbart
kurzer Stummelschwanz
Einzelgänger
nachtaktiv

1. Schreibe mithilfe der Stichwörter einen Sachtext über den Luchs. Beachte das Komma bei Aufzählungen.

2. Lies einem Partner deinen Sachtext vor. Sprich das Komma bei Aufzählungen mit.

Der Luchs kommt in Spanien – Komma – Portugal – Komma – ... vor.

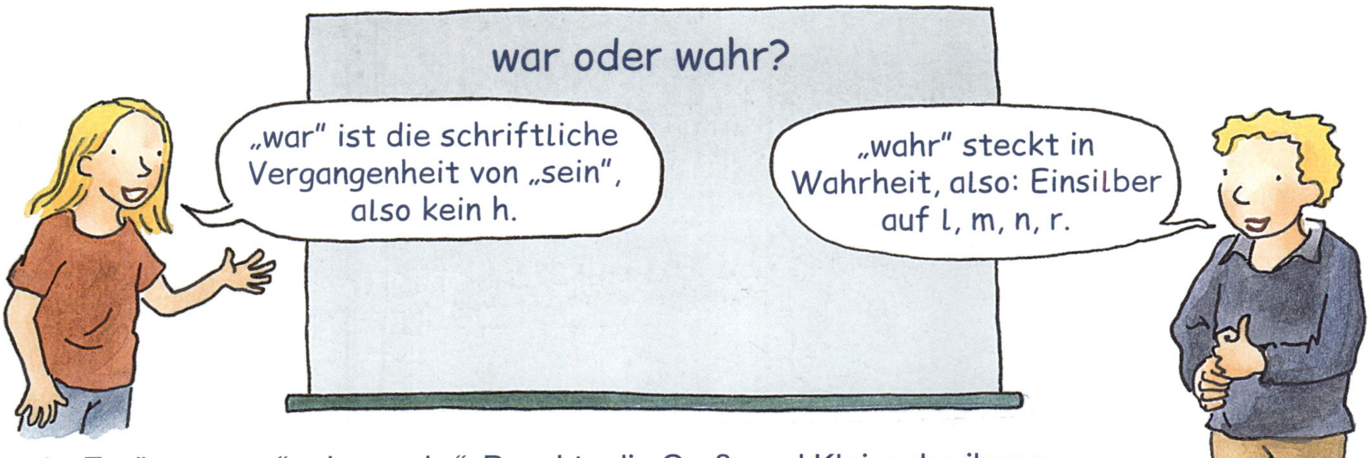

1. Ergänze „war" oder „wahr". Beachte die Groß- und Kleinschreibung.

Einmal ______ Münchhausen auf einer Kirmes. Dort suchte er eine ______sagerin auf. In ihrem Zelt ______ es düster und unheimlich. Sie ______sagte ihm, dass er viel Geld verlieren würde. Für diese Prophezeiung bezahlte er für______ eine stolze Summe. Erst als er wieder zu Hause ______, merkte er, dass das Unglück ______haftig schon eingetreten ______. Die ______sagerin hatte ihn ______lich um viel Geld gebracht.

2. Ergänze „Paar" oder „paar".

Eines Tages ritten ein ______ Jünglinge in den Wald zur Rebhuhnjagd. Auf einmal hörten sie ein ______ seltsame Geräusche. Vorsichtig näherten sie sich der Geräuschquelle bis auf ein ______ Meter. Ein kleiner Drache starrte sie aus einem ______ winziger Äuglein an. Ein ______ kleiner Ohren zuckte aufgeregt in alle Richtungen. Leise zogen sich die Jünglinge zurück. Noch ein ______ Tage später dachten sie an dieses Erlebnis.

Merkhilfen

S. 102

1. Ergänze „fiel" oder „viel" in der richtigen Form.

Der Dachs und der Fuchs suchten einen Schatz. Erschöpft __________ ihnen die Augen zu, als sie unter einem Baum lagen. Auf einmal ________ ein dicker Regentropfen auf die Nase des Fuchses. Sein Blick ________ auf das Geäst des Baumes, an dem __________ goldene Äpfel hingen. Sie pflückten __________ Goldäpfel und verstauten sie in einem Sack. Auf dem Heimweg kamen sie an einem Brunnen vorbei und stellten den Sack auf den Brunnenrand. Als sie sich durstig vornüberbeugten, ________ der Sack mit einem lauten Plumps hinein. ________ gewonnen – ________ zerronnen!

2. Ergänze „Meer" oder „mehr" im richtigen Fall.

Eines Tages fuhr ein Fischer hinaus aufs __________, um Fische zu fangen. In einer ______________bucht warf er seine Netze aus. Als er sie wieder einholte, hatte er __________ Fische gefangen als je zuvor. Weil er ______________ Tage hintereinander ein solches Glück hatte, verdiente er so viel, dass er nie __________ zum Fischen aufs __________ hinausfahren musste.

Eigenschaften der Tiere in einer Fabel

S. 104 – 107

1. In einer Fabel werden jedem Tier charakteristische Eigenschaften zugesprochen. Benenne jedes Tier und schreibe die passenden Eigenschaften dazu.

freundlich gutmütig einfältig	faul störrisch beharrlich	ängstlich vorsichtig vorlaut	treu freundlich gutherzig	hochmütig eitel stolz	unschuldig schwach wehrlos	schlau durchtrieben listig

2. Finde weitere passende Adjektive zu den Tieren von Aufgabe 1.

3. Schreibe weitere Tiere mit ihren Eigenschaften auf. Informiere dich im Internet.

Eine Fabel schreiben

S. 104 – 107

1. **Ausgangssituation**

a) Welche Tiere begegnen sich in der Fabel?

b) Welche Eigenschaften sprichst du den Tieren zu?
Wähle aus und schreibe auf.

nett, schlau, gutmütig, hochmütig, stark, dumm, einfältig, listig, durchtrieben, eitel, mächtig, gierig, klug, stolz, raffiniert, herausfordernd

c) Wo treffen sich die Tiere?

Eine Fabel schreiben

S. 104 – 107

2. Handlung

a) Wie verhalten sich der Bär und der Löwe? Was sagen sie?

b) Wie verhält sich der Fuchs?

c) Warum verhält sich der Fuchs so? Was könnte er denken?

3. Ergebnis

a) Wie endet die Geschichte?

b) Wie fühlen sich der Bär und der Löwe?

c) Wie fühlt sich der Fuchs?

Eine Fabel schreiben

S. 104 – 107

4. **Lehre / Moral**

Was soll der Leser lernen? Wähle aus.

- [ ] Wer alles haben will, bekommt am Ende nichts.
- [ ] Wenn zwei sich streiten, freut sich der Dritte.

5. Schreibe eine kurze Fabel mit Überschrift in der schriftlichen Vergangenheit. Verwende wörtliche Rede. Nutze deine Ergebnisse der Aufgaben 1 bis 4 von Seite 63 bis 65.

6. Stelle deine Fabel in der Schreibkonferenz vor und überarbeite sie.

Bindewörter

S. 111

Westberlin lag wie eine Insel in der sowjetischen Besatzungszone.
Deutschland war aufgeteilt worden.

Die Sowjetunion blockierte alle Straßen nach Westberlin.
Im Jahr 1948 wurde in den westlichen Besatzungszonen die Deutsche Mark eingeführt.

Westberlin wurde von der Versorgung abgeschnitten.
Die Sowjetunion wollte die Westmächte dazu zwingen, sich aus Berlin zurückzuziehen.

Amerikanische und britische Flugzeuge versorgten die Bevölkerung mit allem Notwendigen.
Sie errichteten eine Luftbrücke.

Diese Flugzeuge wurden „Rosinenbomber" genannt.
Einige Piloten ließen Schokolade, Kaugummi und manchmal Rosinen vom Himmel regnen.

Nach elf Monaten wurde die Luftbrücke beendet.
Die Sowjetunion gab die Blockade auf.

1. Verbinde die Sätze mit einem passenden Bindewort.
Unterstreiche das Komma, das Bindewort und das umgestellte Prädikat.

weil   indem   weil   als   weil   als

2. Vergleiche mit einem Partner und begründe die Wahl der Bindewörter.

Satzgliederproben

S. 114

1. Welche Satzglieder kannst du weglassen, damit die Sätze verständlich bleiben?
   Schreibe immer den kürzesten Satz auf.

Malte räumt jeden Tag die Spülmaschine aus.
Lena zieht sich nach dem Training in der Kabine um.
Max besucht jede Woche seine Oma in der Stadt.

2. Erweitere die Sätze mit jeweils drei Satzgliedern und schreibe sie auf.

Die Kinder spielen.
Der Großvater liest.
Der Gärtner gräbt um.

im Herbst	am Frühstückstisch	am Nachmittag
jeden Morgen	auf dem Spielplatz	die Beete
die Zeitung	mit einem Spaten	mit einem Ball

3. Suche einen Partner. Dein Partner schreibt einen kurzen Satz auf.
   Erweitere den Satz mit möglichst vielen Satzgliedern.

Aufforderungen und Bitten formulieren

S. 116

1. Welche Sätze sind Aufforderungen, welche höflich formulierte Bitten?
Schreibe A für eine Aufforderung oder B für eine höflich formulierte Bitte.

- A Geh zur Seite!
- ☐ Könntest du mir bitte die Butter reichen?
- ☐ Würden Sie mir bitte helfen?
- ☐ Darf ich deinen Roller ausleihen?
- ☐ Gib her, das ist mein Ball!
- ☐ Mach endlich die Tür zu!
- ☐ Könnte ich bitte deinen Radierer haben?
- ☐ Lass mich in Ruhe!

2. Schreibe zu jedem Bild eine höflich formulierte Bitte auf.

3. Ersetze die Pronomen durch die Höflichkeitspronomen „Sie“ und „Ihnen“:

Würdest du mir bitte das Buch geben?

Darf ich dir ein Stück Schokolade anbieten?

Adressatenbezogen schreiben

S. 117

1. Deine Klasse möchte einen Ausflug auf eine Burg machen. Ihr wollt die Burg Falkeneck besichtigen und an einer Burgführung in historischen Gewändern teilnehmen. Schreibe einen Brief oder eine E-Mail in der Höflichkeitsform und erkundige dich höflich über:

- einen möglichen Termin
- Beginn der Führung
- Preise

Sehr geehrte Damen und Herren, …

Wir planen …

Könnten Sie uns mitteilen …

Mit freundlichen Grüßen

2. Lies einem Partner deinen Brief oder deine E-Mail vor und überprüft die Formulierungen.

Texte mit dem Computer überarbeiten

S. 122

Mit dem Computer kannst du Texte überarbeiten. Das Rechtschreibprogramm zeigt dir, welche Wörter falsch geschrieben sind.

1. Wie werden die Wörter richtig geschrieben? Tausche dich mit einem Partner aus.
2. Schreibe den Text ab und korrigiere die rot markierten Wörter.

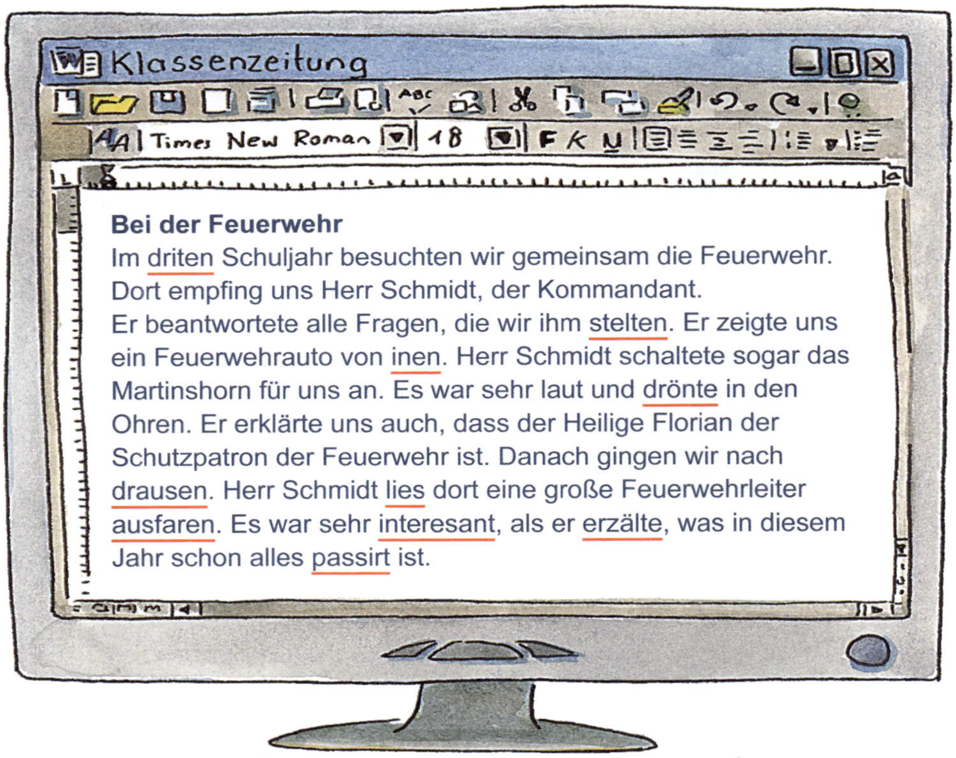

Wörter mit Besonderheiten

S. 124

1. Löse das Rätsel und trage die Wörter in die Kästchen ein.

1) kleines Pferd
2) zwei mal zwei
3) ein Mietwagen
4) Fisch mit dreieckiger Rückenflosse
5) Gruppe von Sängern
6) nicht morgens und nicht abends
7) Siedlung auf dem Land
8) Mobiltelefon
9) …, du hast die Gans gestohlen.
10) fünfter Monat
11) drei plus drei

2. Die markierten Kästchen ergeben das Lösungswort.

__ __ __ __ __ __ __ __ __ __ __
1) 2) 3) 4) 5) 6) 7) 8) 9) 10) 11)

Die richtige Schreibung von Wörtern nennt man auch ____________________.

3. Ergänze in den Wörtern die richtigen Buchstaben.

Viele Menschen leben in der Sta____.

Im Mai kann man viele Frösche ____aken hören.

Die __lowns im Zirkus bringen die Zuschauer zum Lachen.

Das Heft ist verschmiert. Es ist voller Tintenkle____e.

Werbung

S. 126

1. Verbinde die Begriffe mit den jeweiligen Teilen des Werbeplakats.

Werbespruch

Versprechen

Bild

Produktname

2. Erfinde zu zwei Produkten einen Produktnamen und einen Werbespruch.

Produkt 1: ______________________________

____

____

Produkt 2: ______________________________

____

____

3. Stellt die Werbesprüche in der Klasse vor.

Werbewörter und Werbesprüche

S. 126

knackfrisch superfruchtig
superspritzig megacool
zartschmelzend

1. Ersetze die Adjektive in den Werbesprüchen durch werbewirksame Adjektive aus dem Wörterpool.

2. Ersetze die englischen Ausdrücke durch die Wörter aus dem Wörterpool und schreibe den Text richtig auf.

Happy stand Lisa auf. Ein leckerer Drink gab ihr das richtige Feeling für den Tag. Voller Power trat sie in die Pedale ihres Fahrrads. Dennoch kam sie relaxed bei der Schule an. Cool betrat sie das Gebäude und dachte: „Take it easy!“

glücklich Energie
Nimms leicht!
gelassen Gefühl
Getränk entspannt

Handy: pro und kontra

S. 128

1. Trage die Argumente der Kinder stichwortartig in die Tabelle ein.
   Ergänze mit weiteren Argumenten.

pro	kontra

2. Tausche dich mit einem Partner aus. Wo seid ihr einer Meinung, wo nicht? Begründet.

Einen argumentierenden Text schreiben

S. 129

1. Lies die Argumente in der Tabelle auf S. 74. Schreibe die Argumente stichwortartig auf, die für dich wichtig sind.

2. Markiere das Argument, das für dich am wichtigsten ist.

3. Was ist deine Meinung?

4. Verfasse mithilfe der Stichwörter aus Aufgabe 1 einen argumentierenden Text:
   - einleitender Satz
   - Argumente mit Beispielen, das wichtigste Argument am Schluss
   - eigene Meinung

5. Stelle deinen Text in der Gruppe vor.

Frühling – Wir schreiben ein Haiku

S. 132

Das Haiku ist eine Gedichtform, die aus drei Zeilen besteht.
Jede Zeile besteht aus einer bestimmten Silbenzahl.

1. Zeile: 5 Silben — *Blumen blühen auf.*

2. Zeile: 7 Silben — *Kahle Wiesen werden bunt.*

3. Zeile: 5 Silben — *Der Frühling ist da.*

1. Ergänze die drei Haikus mit den Wörtern aus der Wiese.
   Beachte die Anzahl der Silben.

Kuckuck, weißrosa, davon, Magnolienbaum, Farbenspiel, dunkelviolett, Ei, schöne, blühen

(A)

Krokusse ____________.

____________ und gelb.

Buntes ____________.

(B)

____________.

Große ____________ Blüten.

____________ Blütenpracht.

(C)

Der ____________ ist da.

Legt sein ________ ins fremde Nest.

Fliegt auf und ____________.

2. Erfinde selbst ein Haiku zum Frühling und stelle es der Klasse vor.

1. Zeile: 5 Silben ____________________

2. Zeile: 7 Silben ____________________

3. Zeile: 5 Silben ____________________

Sommer – Wir schreiben ein Wachsgedicht

S. 134

Ein Wachsgedicht ist ein Gedicht, das aus 5 Zeilen besteht.
Es wird in Zeile 2 bis 4 jeweils erweitert.

1. Zeile: Nomen 1 — *Wasser*

2. Zeile: N1 Präposition N2 — *Wasser im See*

3. Zeile: Adjektiv 1 N1 Präposition N2 — *Kaltes Wasser im See*

4. Zeile: A1 N1 Präposition N2 und A2 N3 — *Kaltes Wasser im See und warme Sonnenstrahlen*

5. Zeile: Nomen 1 — *Wasser*

1. Vervollständige das Gedicht.

1. Zeile: *Sonne*

2. Zeile: *Sonne am Himmel*

3. Zeile: ________________ *Sonne am Himmel*

4. Zeile: ________________ *Sonne am Himmel und* ________________________

5. Zeile: *Sonne*

2. Erfinde selbst ein Wachsgedicht zum Sommer und stelle es der Klasse vor.

1. Zeile: ____________________

2. Zeile: ________________________________

3. Zeile: ____

4. Zeile: ____

5. Zeile: ____________________

Herbst – Wir schreiben ein Tanka

S. 137

Ein Tanka ist eine Gedichtform, die aus fünf Zeilen besteht.
Jede Zeile besteht aus einer bestimmten Silbenzahl.

1. Zeile: 5 Silben — *Vögel ziehen weg.*

2. Zeile: 7 Silben — *Die Blätter fallen leise.*

3. Zeile: 5 Silben — *Drachen fliegen hoch.*

4. Zeile: 7 Silben — *Winde wehen übers Land.*

5. Zeile: 7 Silben — *Der Herbst ist angekommen.*

1. Vervollständige das Gedicht. Beachte die Silbenzahl.

1. Zeile: *Altweibersommer*

2. Zeile: *Warme Septembertage*

3. Zeile: ______________________________

4. Zeile: *Goldene Sonnenstrahlen*

5. Zeile: ______________________________

2. Erfinde selbst ein Tanka zum Herbst und stelle es der Klasse vor.

1. Zeile: ______________________________

2. Zeile: ______________________________

3. Zeile: ______________________________

4. Zeile: ______________________________

5. Zeile: ______________________________

Winter – Wir schreiben ein Akrostichon

S. 138

Ein Akrostichon ist eine Gedichtform, bei der senkrecht gelesene Buchstaben am Zeilenanfang ein Wort ergeben.

W asser wird zu Eis
I n der Natur wird es still
N ächte sind lang und dunkel
T öne verstummen
E in Licht erlischt
R uhe

1. Vervollständige das Akrostichon.

S ilbrig glänzender Wald
C höre singen in der Nacht
H ______________________
N ______________________
E ______________________
E s ist Weihnachten

2. Erfinde selbst ein Akrostichon zum Thema Winter.
   Wähle ein Wort aus und schreibe die Buchstaben senkrecht auf die kurzen Striche.
   Du kannst dir aber auch selbst ein Wort ausdenken.

___ ______________________
___ ______________________
___ ______________________
___ ______________________
___ ______________________
___ ______________________

Richtig schreiben mit den Häuschen A B C

S. 147

Die zweisilbigen Formen in den Häuschen A B C zeigen dir die richtige Schreibung.
Trage die zweisilbige Form in die Häuschen ein und ergänze die Wörter.

Häuschen A: offene 1. Silbe – langer Selbstlaut

i oder ie? T__r

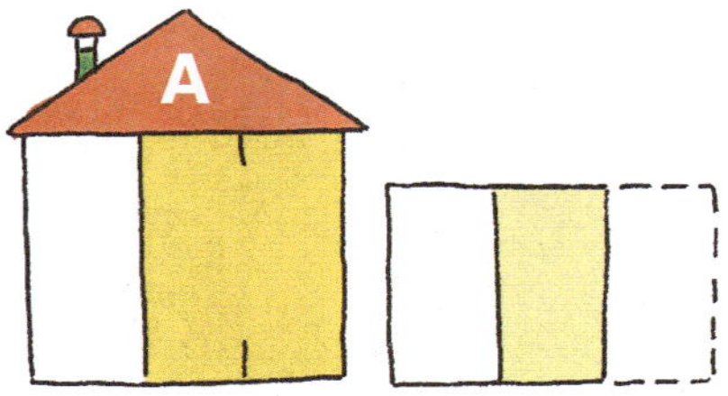

d oder t? Lie__

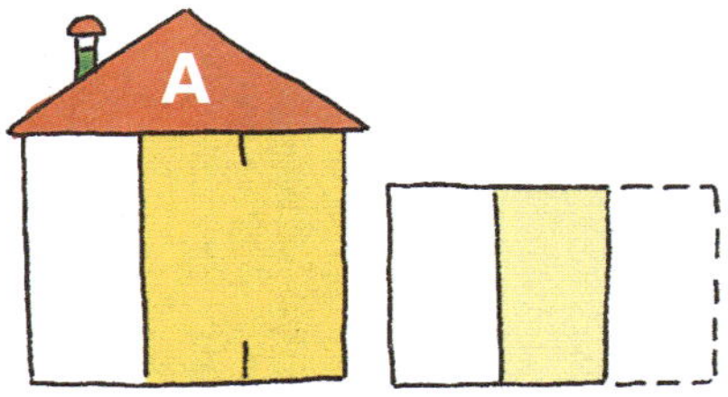

b oder p? er ü__t

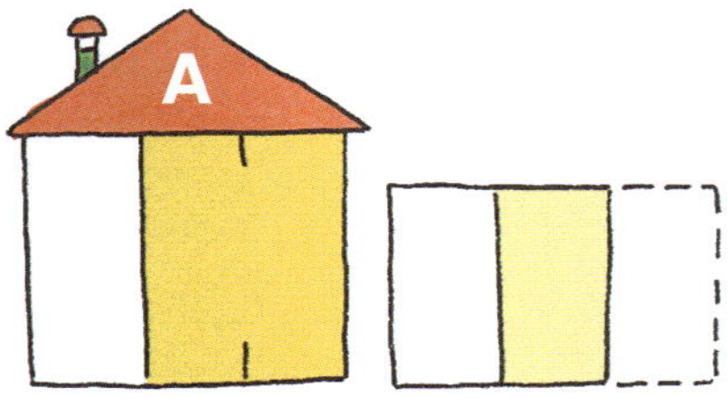

g oder k? Zwei__

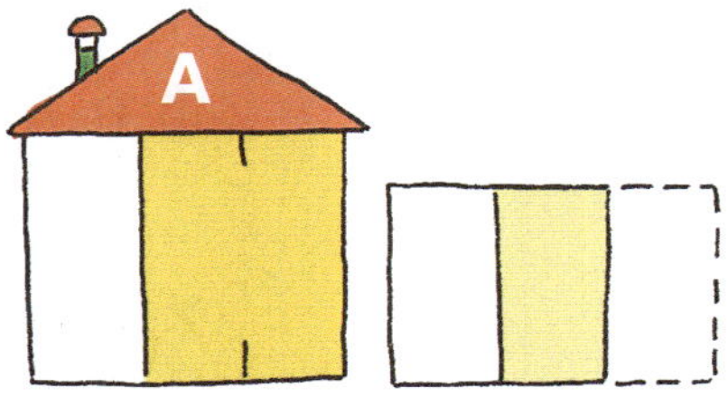

ss oder ß? Gru__

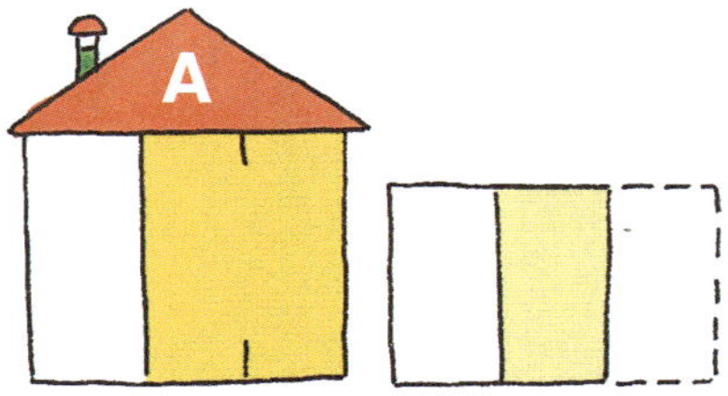

silbentrennendes h
er ge__t

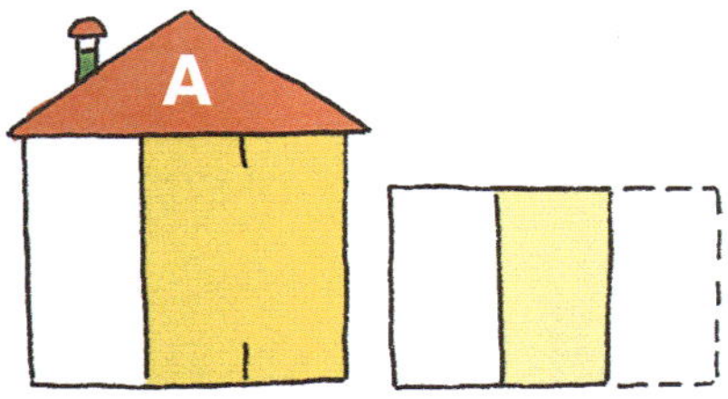

Häuschen B: geschlossene 1. Silbe – kurzer Selbstlaut

d oder t? Wan__

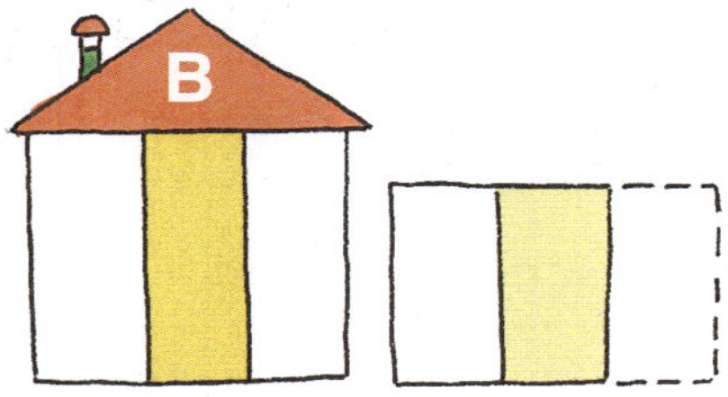

k oder ck? er den__t

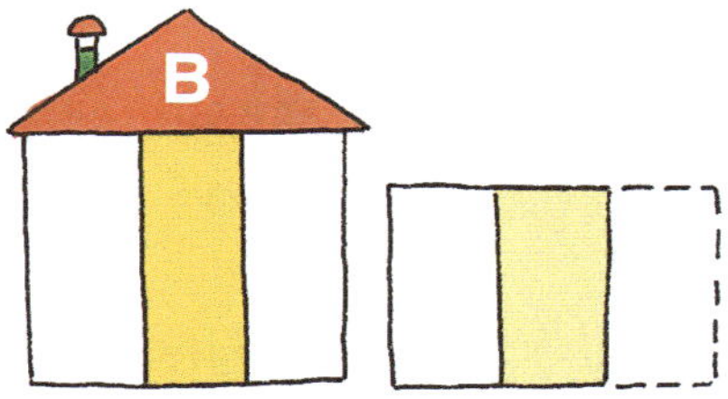

z oder tz? Glan__

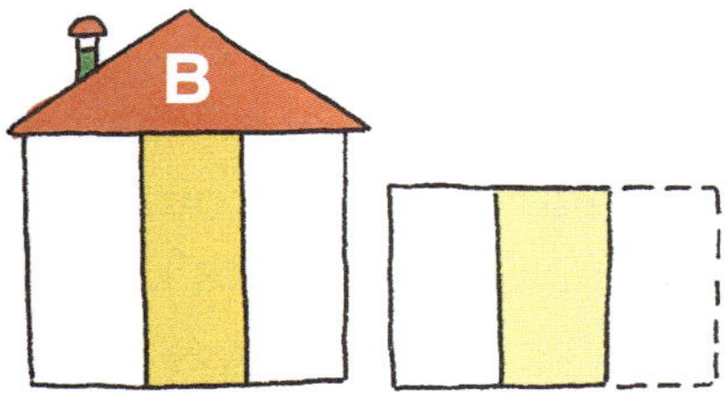

Häuschen C: kurzer Selbstlaut – doppelter Mitlaut

m oder mm? er ko____t

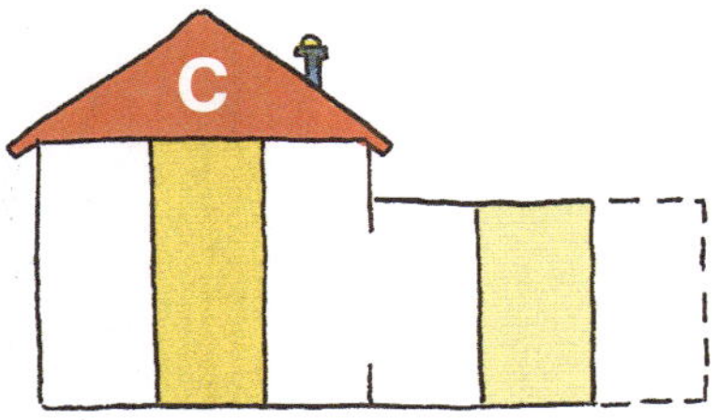

z oder tz? er kra__t

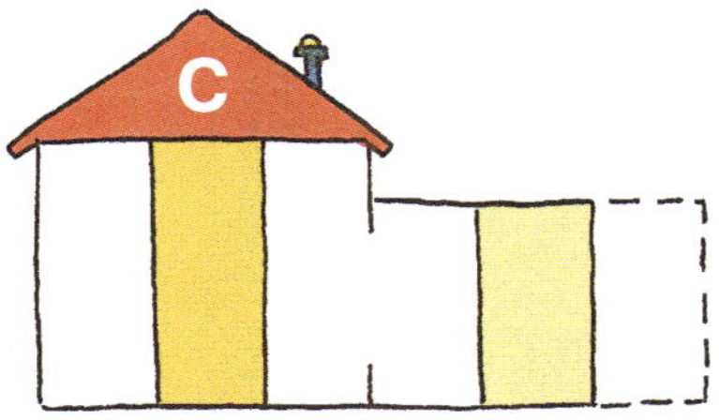

k oder ck? er ni__t

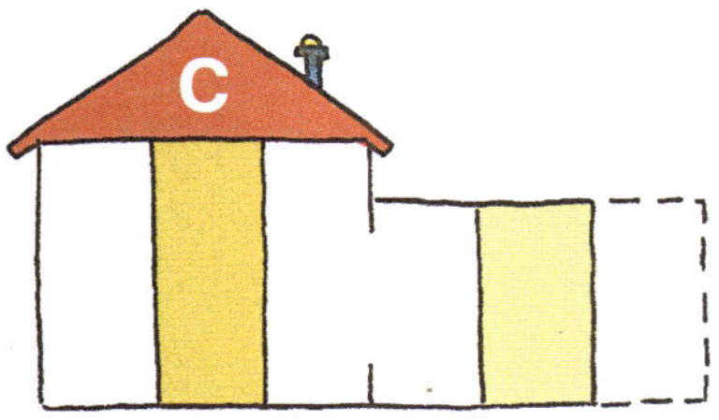